Intervenção psicopedagógica:
desatando nós, fazendo laços

SÉRIE PANORAMAS DA PSICOPEDAGOGIA

Intervenção psicopedagógica:
desatando nós, fazendo laços

Tânia Mara Grassi

Rua Clara Vendramin, 58 . Mossunguê
CEP 81200-170 . Curitiba . PR . Brasil
Fone: (41) 2106-4170
www.intersaberes.com
editora@intersaberes.com

Conselho editorial
Dr. Alexandre Coutinho Pagliarini
Drª Elena Godoy
Dr. Neri dos Santos
Dr. Ulf Gregor Baranow

Editora-chefe
Lindsay Azambuja

Gerente editorial
Ariadne Nunes Wenger

Assistente editorial
Daniela Viroli Pereira Pinto

Preparação de originais
Mycaelle Albuquerque Sales

Edição de texto
Palavra do Editor
Guilherme Conde Moura Pereira

Capa e projeto gráfico
Iná Trigo (*design*)
agsandrew/Shutterstock (imagem da capa)

Diagramação
Carolina Perazzoli

Iconografia
Regina Claudia Cruz Prestes

Dados Internacionais de Catalogação na Publicação (CIP)
(Câmara Brasileira do Livro, SP, Brasil)

Grassi, Tânia Mara
   Intervenção psicopedagógica: desatando nós, fazendo laços/Tânia Mara Grassi. Curitiba: InterSaberes, 2021.
   (Série Panoramas da Psicopedagogia)

   Bibliografia.
   ISBN 978-65-5517-899-9

   1. Aprendizagem 2. Intervenção (Psicologia) 3. Pedagogia 4. Psicologia educacional I. Título. II. Série.

20-52782   CDD-370.1523

Índices para catálogo sistemático:
1. Intervenção psicopedagógica: Aprendizagem: Educação   370.1523

Cibele Maria Dias – Bibliotecária – CRB-8/9427

1ª edição, 2021.
Foi feito o depósito legal.
Informamos que é de inteira responsabilidade da autora a emissão de conceitos.

Nenhuma parte desta publicação poderá ser reproduzida por qualquer meio ou forma sem a prévia autorização da Editora InterSaberes.

A violação dos direitos autorais é crime estabelecido na Lei n. 9.610/1998 e punido pelo art. 184 do Código Penal.

Sumário

Apresentação, 13
Como aproveitar ao máximo este livro, 17
Introdução, 21

Capítulo 1   Intervenção psicopedagógica no espaço da clínica, 24
1.1 O que é intervenção psicopedagógica: construindo um conceito, 26
1.2 Relação entre intervenção e diagnóstico, 31
1.3 As especificidades da intervenção psicopedagógica clínica, 33
1.4 Mediação: condição para a intervenção e para a aprendizagem, 37
1.5 O enquadramento e o *setting* psicopedagógico, 47

Capítulo 2   Intervenção psicopedagógica clínica: visões, concepções e abordagens, 62
2.1 A concepção de Sara Paín: construtivismo e psicanálise, 63
2.2 A visão de Alicia Fernández: psicanálise e epistemologia genética, 66
2.3 A abordagem de Vinh-Bang: níveis individual, coletivo e escolar, 67
2.4 A proposta de Lino de Macedo: uma visão construtivista com jogos de regras, 69
2.5 A concepção de Jorge Visca: o processo corretor, 72

Capítulo 3 A organização do trabalho psicopedagógico clínico: recursos e instrumentos de intervenção, 90
3.1 A caixa de trabalho, 91
3.2 O projeto de aprender, 97
3.3 A caixa de areia e as miniaturas, 100
3.4 A ludicidade na intervenção, 108
3.5 O material disparador, 116

Capítulo 4 Intervenção psicopedagógica institucional: espaços e contextos, 128
4.1 A escola, 131
4.2 A empresa, 137
4.3 O hospital, 142
4.4 A família, 143
4.5 O assessoramento e a pesquisa, 146

Capítulo 5 Níveis de intervenção psicopedagógica institucional: múltiplos olhares, 158
5.1 A visão sistêmica, 159
5.2 A epistemologia convergente, 166
5.3 A psicologia social: Pichon-Rivière, 168
5.4 Modalidades de aprendizagem, 180
5.5 A teoria dos papéis e a sociometria: contribuições da teoria da comunicação e do psicodrama, 182

Capítulo 6 Organização do trabalho psicopedagógico institucional: circularidade dialética, 194
6.1 O jogo dramático, 197
6.2 Psicodrama, 201
6.3 Roda de conversa, 216
6.4 Atitude e observação operativas no trabalho psicopedagógico com grupos, 220
6.5 O trabalho com grupos: grupo operativo, grupo reflexivo e oficinas psicopedagógicas, 226

Considerações finais, 251
Referências, 253
Bibliografia comentada, 259
Respostas, 261
Sobre a autora, 263

Ao meu filho, Henrique, com quem aprendo diariamente que a felicidade se encontra nas pequenas coisas, que é preciso caminhar mais devagar, olhar amorosamente, escutar com atenção, conversar, abraçar e expressar o que sentimos!

À Milena e sua avó, que conheci na dificuldade da não aprendizagem, mas com um desejo imenso de superação!

À minha mãe, Iolanda, cujo olhar amoroso, escuta atenta e abraço caloroso me fortalecem!

À minha família, espaço de escuta e aprendizado, onde tudo começou e onde encontro apoio e acolhida!

A Deus, pela beleza da vida!
Aos pacientes/aprendentes e suas famílias, que conheci na luta pela aprendizagem!

À Genoveva Ribas Claro, pela confiança e pela amizade!

À Editora InterSaberes, pela oportunidade!

Minha gratidão especial!

Apresentação

A intervenção psicopedagógica clínica e institucional inicia com o encaminhamento de uma queixa, seguido por uma avaliação diagnóstica psicopedagógica, que já é uma ação de intervenção, cujos resultados norteiam a organização desse processo. Ao longo de sua implementação, reavaliações indicam a necessidade de ajustes à medida que as dificuldades são equacionadas e o sujeito se desenvolve.

Durante a formação em psicopedagogia e no início da atuação psicopedagógica, muitas dúvidas nos acompanham em relação a esse processo: O que é intervenção? Como essa prática acontece? Que recursos ou instrumentos são utilizados? Como escolher e planejar a intervenção? Quais teorias fundamentam a práxis psicopedagógica? Refletindo sobre essas questões com base em nossa experiência e na compartilhada por colegas em obras publicadas e/ou pesquisas realizadas, organizamos este livro a convite da Editora Intersaberes e da professora Genoveva Ribas Claro.

Escrever é sempre uma tarefa desafiante, que requer planejamento, organização, pesquisa, leitura, retomada, conhecimento, enfim, uma construção e uma reconstrução. Causa uma desequilibração, exige assimilação, acomodação e, finalmente, o alcance de uma nova equilibração, momento em que o texto é finalizado, mas não concluído, visto que abre possibilidades para novas construções e reflexões.

O contato com o objeto do conhecimento é vivenciado com certa ansiedade. Há obstáculos, dificuldades, paralisações, avanços e retrocessos. Além disso, demanda tempo, afeto, reflexão, paciência e persistência; e nesse percurso erros estão presentes e são naturais e fundamentais para a construção e a apropriação de conteúdos, ou seja, a aprendizagem e uma nova relação com o conhecimento.

A construção desta obra é resultado das experiências vivenciadas, dos conhecimentos apropriados, bem como das interações, das relações e das mediações estabelecidas entre aprendentes e ensinantes em uma circularidade dialética. Sua escrita exigiu um movimento em que os conhecimentos, os pensamentos e os sentimentos foram (re)significados – processo denso, reflexivo e amoroso, que culminou em sua elaboração e publicação.

O livro está estruturado em seis capítulos: nos três primeiros, abordamos a intervenção psicopedagógica clínica e, nos três restantes, a intervenção psicopedagógica institucional.

No Capítulo 1, apresentamos a intervenção psicopedagógica: o que é, a relação entre diagnóstico e intervenção, suas especificidades, os aspectos afetivos na intervenção (com destaque para o papel do psicopedagogo como mediador), seu caráter preventivo e terapêutico, o enquadramento e o *setting* psicopedagógico.

No Capítulo 2, examinamos as diferentes visões de intervenção, destacando autores e teorias que fundamentam a práxis psicopedagógica nos contextos individual e grupal.

No Capítulo 3, tratamos das ações de intervenção no espaço clínico – recursos, instrumentos e metodologias: o processo corretor, os recursos de intervenção, a caixa de trabalho, o projeto de aprender, a caixa de areia e as miniaturas, as oficinas psicopedagógicas, os brinquedos e os jogos e o material disparador. Analisamos também alguns casos e promovemos a reflexão sobre eles.

No Capítulo 4, elucidamos o que é intervenção institucional e suas especificidades: o trabalho efetuado em distintas organizações (escola, empresa, hospital e família) e nas modalidades de assessoria e de vinculação profissional a instituições, a atuação preventiva e terapêutica e a atividade de pesquisa na área.

No Capítulo 5, explicamos os níveis de intervenção psicopedagógica institucional e apresentamos os autores e as teorias que embasam esse trabalho, como a visão sistêmica, a epistemologia convergente, a psicologia social, as modalidades de aprendizagem, a teoria da comunicação e o psicodrama.

No Capítulo 6, tratamos da organização do trabalho psicopedagógico institucional, destacando recursos, instrumentos e práticas de intervenção institucional. Abordamos a atitude operativa, fundamental na práxis psicopedagógica, o trabalho em grupos operativos e reflexivos, a roda de conversa, as oficinas psicopedagógicas, o psicodrama e os jogos dramáticos, exemplificando práticas preventivas e terapêuticas.

Nosso objetivo com este livro é contribuir para a formação de psicopedagogos, bem como para a de outros leitores interessados no fazer psicopedagógico, servindo-lhe de base e norteando a práxis psicopedagógica em construção. É oportuno ressaltar que essa práxis se constrói nas relações estabelecidas entre os sujeitos e o conhecimento, fruto de pesquisas, ações, reflexões e mediações. Aprendemos e ensinamos num processo em que nosso compromisso é a transformação da realidade atual do sujeito humano.

Como aproveitar ao máximo este livro

Empregamos nesta obra recursos que visam enriquecer seu aprendizado, facilitar a compreensão dos conteúdos e tornar a leitura mais dinâmica. Conheça a seguir cada uma dessas ferramentas e saiba como estão distribuídas no decorrer deste livro para bem aproveitá-las.

Introdução do capítulo
Logo na abertura do capítulo, informamos os temas de estudo e os objetivos de aprendizagem que serão nele abrangidos, fazendo considerações preliminares sobre as temáticas em foco.

Exemplo prático
Nesta seção, articulamos os tópicos em pauta a acontecimentos históricos, casos reais e situações do cotidiano a fim de que você perceba como os conhecimentos adquiridos são aplicados na prática e como podem auxiliar na compreensão da realidade.

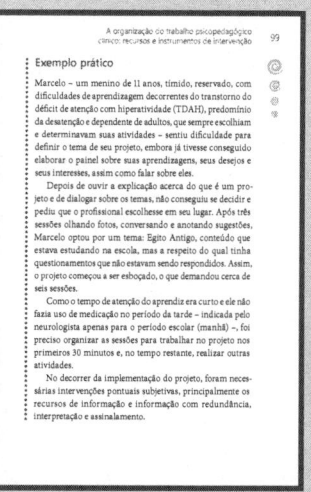

Importante!

Algumas das informações centrais para a compreensão da obra aparecem nesta seção. Aproveite para refletir sobre os conteúdos apresentados.

Indicações culturais

Para ampliar seu repertório, indicamos conteúdos de diferentes naturezas que ensejam a reflexão sobre os assuntos estudados e contribuem para seu processo de aprendizagem.

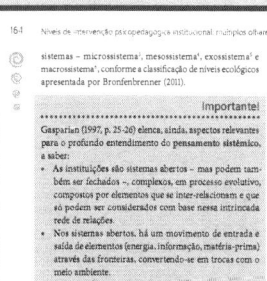

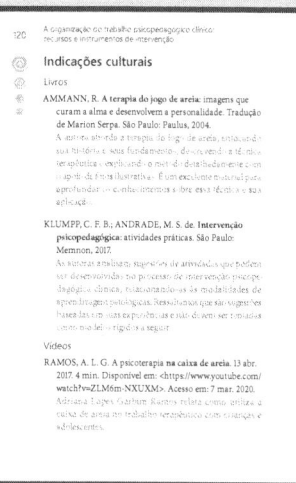

Síntese

Ao final de cada capítulo, relacionamos as principais informações nele abordadas a fim de que você avalie as conclusões a que chegou, confirmando-as ou redefinindo-as.

Atividades de autoavaliação

Apresentamos estas questões objetivas para que você verifique o grau de assimilação dos conceitos examinados, motivando-se a progredir em seus estudos.

---

os desenhos?", "O que você faria nesse caso?", "Por que você perdeu?", "O que poderia fazer para ganhar?".

Síntese

Apresentamos, neste capítulo, algumas abordagens que fundamentam a práxis psicopedagógica na intervenção clínica.

Mostramos que as concepções de Sara Paín e de Alicia Fernández fundamentam-se na psicanálise e na epistemologia genética e concebem as dificuldades de aprendizagem como sintomas a desvelar. Além disso, vimos que Lino de Macedo e Vinh-Bang, pesquisadores construtivistas cujo trabalho apoia-se na epistemologia genética, destacam a importância da tomada de consciência do erro e da problematização no trabalho de intervenção. Macedo enfatiza, sobretudo, o uso do jogo de regras nesse processo, importante recurso que auxilia no desenvolvimento de estruturas de pensamento mais complexas, propiciando a construção de conhecimentos e, portanto, a aprendizagem.

Examinamos também a abordagem de Jorge Visca – a epistemologia convergente, em que se associam conhecimentos da psicanálise de Freud, da epistemologia genética de Piaget e da psicologia social de Pichon-Rivière. O psicólogo argentino chamou a intervenção de "processo corretor", no qual, por meio de recursos objetivos e subjetivos, é feita a mediação.

Encerramos o capítulo caracterizando os recursos subjetivos, que são utilizados para provocar desequilibração, estimulando ou desafiando o sujeito a alcançar um novo estado de equilibração. Entre esses recursos, encontram-se os verbais e os corporais: a mudança de situação, a informação, a

---

Atividades de autoavaliação

1. Com relação à intervenção psicopedagógica clínica, é correto afirmar:
   a) O informe psicopedagógico é o documento que norteia a proposta de intervenção clínica.
   b) A intervenção psicopedagógica é uma forma de atendimento exclusivamente corretiva e/ou terapêutica.
   c) O profissional que planeja a intervenção psicopedagógica clínica escolhe um modelo de intervenção cujos recursos e instrumentos já estão descritos e devem ser aplicados sem mudanças ou adaptações.
   d) Na intervenção psicopedagógica clínica, o profissional considera a queixa e, com base nela, elabora sua proposta.
   e) Após a realização da Eoca, já é possível planejar a intervenção psicopedagógica clínica.

2. Acerca do que se entende por *intervenção psicopedagógica*, assinale V (verdadeiro) ou F (falso) nas afirmativas a seguir.
   ( ) A intervenção é um processo simples e objetivo, e basta considerar os resultados da avaliação para planejá-lo.
   ( ) A intervenção é complexa, pois requer organização, conhecimento, pesquisa, mediação e, principalmente, sensibilidade do profissional.
   ( ) Trata-se da ação de interferir no processo de aprendizagem do sujeito para promover mudanças radicais e imediatas.

Atividades de aprendizagem

Aqui apresentamos questões que aproximam conhecimentos teóricos e práticos a fim de que você analise criticamente determinado assunto.

Bibliografia comentada

Nesta seção, comentamos algumas obras de referência para o estudo dos temas examinados ao longo do livro.

Introdução

A psicopedagogia é uma área de conhecimentos, pesquisa e atuação em processo contínuo de construção, cuja práxis vem organizando-se e transformando-se à medida que os profissionais desenvolvem suas ações e refletem sobre elas. Busca compreender e analisar criticamente os processos de ensinagem, aprendizagem e desenvolvimento humanos, bem como as dificuldades que emergem ao longo deles, como produtos de diversos fatores, de modo a equacioná-las, levando à sua superação, além de procurar otimizar esses processos.

Configurando-se como área interdisciplinar, clínica e institucional, com enfoques preventivo e terapêutico, atua na avaliação diagnóstica e na intervenção psicopedagógica, ações fundamentais em uma conjuntura social e educacional marcada pelo aumento crescente de dificuldades e transtornos específicos de aprendizagem, fracasso escolar, dificuldades de ensinagem, problemas relacionais e interacionais, presentes nos contextos escolar, familiar, empresarial e comunitário.

A organização da intervenção psicopedagógica depende de uma avaliação diagnóstica psicopedagógica cuidadosa, realizada por intermédio de um olhar atento e de uma escuta apurada, da responsabilidade profissional e do compromisso ético do psicopedagogo.

Neste livro, apresentamos densamente como a intervenção clínica e institucional é estruturada, o que lhe dá fundamento, quais são os recursos e os instrumentos empregados nesse trabalho e como é empreendido. Desejamos, com isso, contribuir para a formação de psicopedagogos e demais interessados na área, em relação à organização da práxis psicopedagógica interventiva, preventiva e/ou terapêutica, clínica e/ou institucional.

Neste momento, convidamos você, leitor, a refletir sobre a práxis psicopedagógica desenvolvida na intervenção psicopedagógica clínica e institucional, a conhecer os recursos e os instrumentos utilizados em seu desenvolvimento e a aprimorar seu olhar e sua escuta, preparando-se para sua atuação como profissional da psicopedagogia e/ou da educação e da saúde. As propostas apresentadas aqui representam um caminho e uma direção que visam nortear a organização do trabalho psicopedagógico, além de estimular o estudo, a pesquisa e a autoria de novas propostas e instrumentos.

Vamos caminhar juntos, refletir, construir conhecimentos, aprimorar nosso olhar e nossa escuta!

Um abraço fraterno e boa leitura!

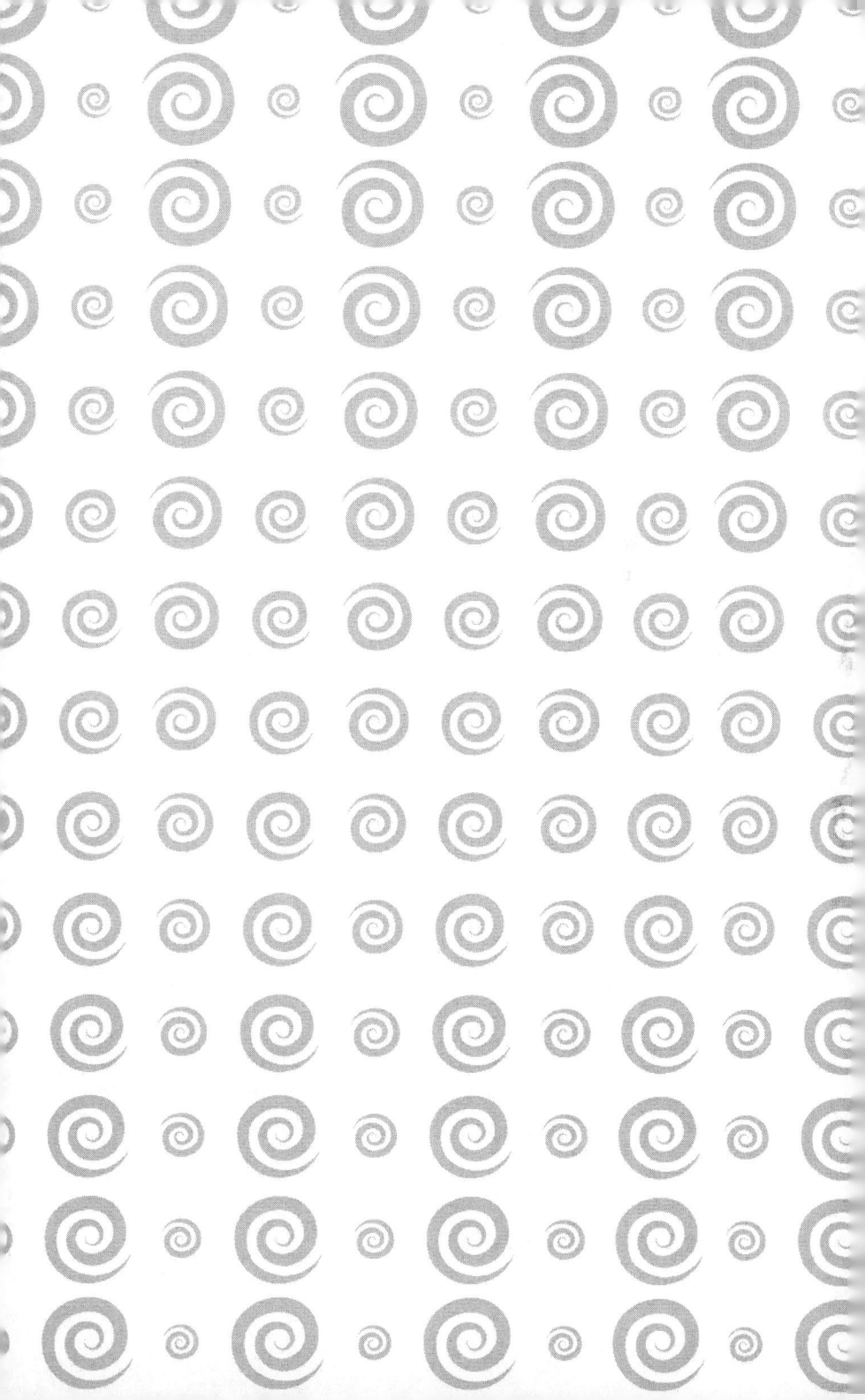

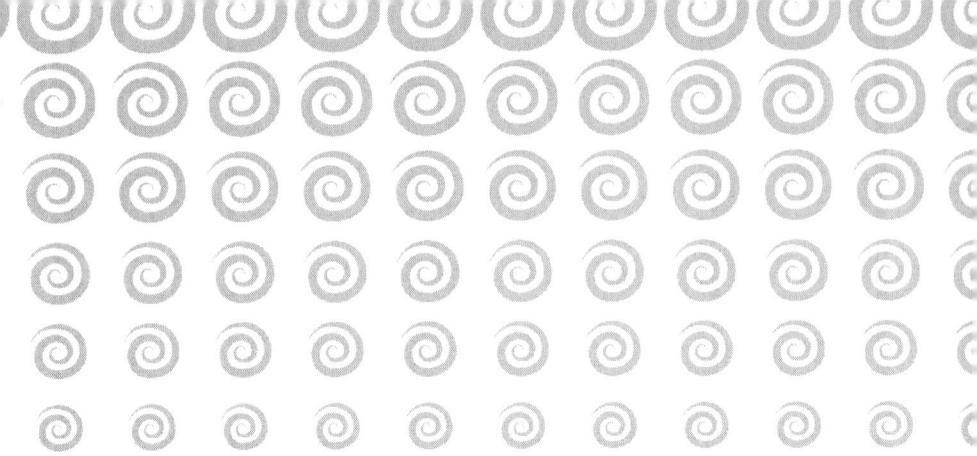

1
Intervenção psicopedagógica no espaço da clínica

Após a avaliação psicopedagógica clínica, conclui-se o diagnóstico, conhece-se o aprendiz e delineia-se seu perfil de desenvolvimento, na busca por compreender a complexa rede de relações que o constitui: vínculos, interações, especificidades, características, habilidades, necessidades, desejos e dificuldades. Em seguida, organiza-se o informe psicopedagógico, realiza-se a devolutiva, orientando-se o sujeito, a família e a instituição escolar, aqui representada pela pessoa da professora e/ou da pedagoga, e elabora-se a proposta de intervenção psicopedagógica.

O resultado dessa diagnose norteará a escolha dos instrumentos e recursos que serão utilizados principalmente no início da intervenção psicopedagógica.

Durante o processo de intervenção, a avaliação psicopedagógica continua em movimento; o olhar e a escuta atenta do profissional possibilitam perceber as necessidades, os avanços, os retrocessos, a superação ou não de dificuldades e, com base nisso, indicam-se mudanças, adaptações, a escolha de novos instrumentos e recursos, sempre com fundamento em uma determinada concepção teórica.

Iniciar o processo de intervenção psicopedagógica clínica é, portanto, um momento de crucial importância para o sujeito/aprendiz, para sua família, para a escola e, claro, para o profissional, ora ensinante, que será responsável pelas decisões, pelo encaminhamento e pela mediação que levarão (é isso o que se deseja) ao alcance dos objetivos, à superação das dificuldades e à aprendizagem.

Trata-se de um atendimento preventivo e terapêutico desenvolvido pelo profissional de psicopedagogia, em um processo no qual as necessidades educacionais especiais do sujeito/aprendiz – que vem encontrando dificuldades que obstaculizam seu processo de aprendizagem e desenvolvimento – são consideradas e as dificuldades são equacionadas, para prevenir sua intensificação e a emergência de outras.

A primeira questão que precisamos discutir aqui, que auxiliará na construção de um caminho de conhecimentos em relação ao trabalho psicopedagógico empreendido na intervenção, refere-se ao seu significado. Buscaremos configurar, neste ponto, um conceito de intervenção para que você compreenda as especificidades dessa ação psicopedagógica.

1.1
O que é intervenção psicopedagógica: construindo um conceito

Em primeiro lugar, ressaltamos que um bom diagnóstico orienta uma intervenção psicopedagógica eficiente. Logo, é fundamental proceder à avaliação psicopedagógica de modo cuidadoso, analisando-se a queixa, coletando-se e examinando-se os dados, por meio dos diversos instrumentos de avaliação existentes (entrevista operativa centrada na aprendizagem – Eoca[1], provas do diagnóstico operatório[2], provas projetivas psicopedagógicas[3], provas pedagógicas de leitura, escrita e conhecimento matemático, provas psicomotoras, observação lúdica, entre outros); são esses dados que vão subsidiar o diagnóstico e a elaboração da proposta de intervenção.

Com base na avaliação, planeja-se a intervenção, um processo complexo e que requer organização, conhecimento, pesquisa, sensibilidade, criatividade, um olhar atento e uma escuta apurada. É um momento marcado muitas vezes por ansiedade, angústia, medo e diversas expectativas por parte

• • • • •
1   Instrumento utilizado para estabelecer vínculo com o sujeito e para levantar o primeiro sistema de hipóteses.

2   Desenvolvidas por Piaget para identificar o nível de pensamento em que o sujeito se encontra.

3   Adaptadas por Visca, são utilizadas para conhecer os vínculos do sujeito com a aprendizagem/escola, consigo mesmo e com a família.

tanto do profissional quanto do sujeito. Nesse sentido, entender o que é intervenção é essencial para diminuir a ansiedade do profissional em formação, dar-lhe segurança e instrumentalizá-lo para a práxis psicopedagógica.

A expressão *intervenção* significa, segundo o *Dicionário Aurélio* (Ferreira, 2017, p. 436), "ato de intervir", e *intervir* é "colocar-se no meio, mediar". No *Dicionário Michaelis* (Keller, 2000, p. 1171), o termo *intervenção* é definido como "o ato ou efeito de intervir [...] mediação", enquanto *intervir* é conceituado como "ser ou estar presente, assistir; intervir num processo; [...] tomar parte voluntariamente; [...] entrar como parte (elemento) em um processo". Essas definições ajudam-nos a compreender o significado geral da palavra *intervenção* e a construir um sentido específico no contexto psicopedagógico.

Entendemos, então, a **intervenção** como um processo em que há a mediação, por parte do psicopedagogo, da aprendizagem e/ou do desenvolvimento de um indivíduo que está enfrentando dificuldades.

De acordo com Souza (2013), esse profissional, na intervenção, faz um assinalamento, uma fala, uma interpretação cujo intuito é compreender o processo de aprendizagem, intervir nele mediante a introdução de novos elementos que alterem padrões de relacionamento entre o sujeito e o conhecimento, entre o ensinante e o aprendente, entre o sujeito e seus pares. Assim, ele integra esse processo como um elemento fundamental, fazendo-se presente pela mediação.

Intervir é, pois, uma ação psicopedagógica, uma atenção psicopedagógica e/ou um processo corretor em que o profissional acompanha a aprendizagem de um sujeito com dificuldades. O psicopedagogo, como mediador, por meio de recursos subjetivos e objetivos – dos quais trataremos com profundidade no segundo e no terceiro capítulos –, mobiliza esse indivíduo e possibilita-lhe a elaboração simbólica de pensamentos e sentimentos, a superação ou a minimização de dificuldades, a organização de estratégias que levem ao alcance da equilibração, a vivência de situações que causam desequilibrações, mas com um suporte que lhe ofereça espaço e segurança para produzir, pensar, experimentar, construir, errar e arriscar-se.

Conforme menciona Barbosa (2012), o psicopedagogo coloca-se como um "continente", acolhendo o sujeito sem julgá-lo ou criticá-lo, dando-lhe segurança e suporte, reconhecendo suas dificuldades, angústias, sofrimentos, tristezas, decepções, frustrações etc., num espaço de escuta, elaboração, reelaboração e interpretação. Essa ação propicia à pessoa fortalecimento emocional e cognitivo para enfrentar ativamente os desequilíbrios e os desafios impostos pelo "desconhecido" e/ou pelo "conhecimento novo", enfim, pela aprendizagem, na medida em que lhe possibilita perceber-se como sujeito desejante, expressar seus sentimentos e pensamentos, compreender suas ações, conferir novo significado aos seus conhecimentos e ideias e relacionar-se com autonomia e autoria.

Grassi (2020) reitera o exposto explicando que a intervenção psicopedagógica consiste no trabalho realizado pelo psicopedagogo nos processos de aprendizagem e de desenvolvimento de um sujeito com dificuldades, de modo a, por meio de uma interferência planejada e estruturada, modificá-los, resgatando as possibilidades de aprendizagem e promovendo a superação das dificuldades e o desenvolvimento de estruturas mais complexas de pensamento e das funções psicológicas superiores (atenção, concentração, pensamento, linguagem, raciocínio lógico, análise e síntese, planejamento, imaginação, criatividade, percepção, funções psicomotoras).

Além disso, o psicopedagogo procura compreender os processos de aprendizagem sistemática e assistemática de um sujeito, analisando os vínculos que ele estabelece com o conhecimento, consigo mesmo, com a aprendizagem, a escola, seus familiares, os colegas e o(s) ensinante(s), bem como os fatores intervenientes que dificultam esses processos e levam à não aprendizagem.

O processo de intervenção, como afirmamos, organiza-se em torno de objetivos que lhe dão determinada especificidade. Por meio dele, busca-se entender o processo de aprendizagem de um sujeito concreto, único, sócio-histórico, que tem uma trajetória e uma experiência de vida específicas, características que o individualizam, bem como dificuldades e habilidades que o diferenciam dos demais. De igual forma, particularizam-no suas relações familiares, pessoais, escolares, sociais e culturais, as modalidades de aprendizagem, os vínculos e as questões emocionais. Nesse contexto, é preciso considerar todos esses aspectos, assim como todas as variáveis que interferem na aprendizagem.

Com isso, resgata-se a possibilidade de aprendizagem de um sujeito cuja autoestima encontra-se baixa e que vivencia uma experiência na qual o vínculo com a aprendizagem escolar e/ou formal, os sentimentos e os afetos são negativos, expressam-se inadequadamente ou não se expressam, os pensamentos estão encapsulados, escondidos, e, parafraseando Fernández (1990), a inteligência encontra-se aprisionada.

Na intervenção, trabalha-se para que o sujeito/aprendiz conquiste autonomia, autoria e protagonismo em seu processo de aprendizagem formal e/ou informal, sistemático e/ou assistemático, em seus cotidianos escolar, acadêmico, profissional e pessoal; para que estabeleça um vínculo afetivo positivo com a aprendizagem escolar (formal), extraescolar (informal), com o conhecimento, os familiares, os colegas e os ensinantes, expressando seus sentimentos e pensamentos da melhor maneira possível.

O psicopedagogo exerce, com autonomia, o protagonismo e a autoria no processo de intervenção psicopedagógica preventiva e/ou terapêutica. Nesse cenário, constrói conhecimentos, produz materiais, desenvolve recursos e instrumentos, estabelece vínculos, exerce a mediação e vivencia simultaneamente os papéis de ensinante e aprendente[4].

Na intervenção psicopedagógica, é preciso considerar uma série de fatores que auxiliam em sua implementação e sistematizam o fazer psicopedagógico. Vamos refletir sobre a relação entre intervenção e diagnóstico, a fim de permitir a compreensão do interjogo posto em movimento nesses processos.

•••••
4 *Ensinante* e *aprendente*: termos utilizados por Fernández (2001) para designar o sujeito que aprende e também ensina e o sujeito que ensina e também aprende, posições que se alternam em todos os momentos da vida.

1.2
Relação entre intervenção e diagnóstico

Como mencionado anteriormente, a intervenção é planejada cuidadosamente com base no diagnóstico psicopedagógico, o qual direciona as práticas que serão implementadas e desenvolvidas durante aquele primeiro processo e, portanto, precisa ser obtido com responsabilidade e fidedignidade.

Na avaliação psicopedagógica clínica, investigam-se os sintomas da não aprendizagem, os obstáculos que estão interferindo nesse processo e suas causas, além de haver o levantamento do perfil de aprendizagem e desenvolvimento do sujeito e de suas modalidades de aprendizagem.

O **diagnóstico** retrata um determinado momento da vida do aprendiz, um recorte espaço-temporal que caracteriza seu processo atual de aprendizagem (momento da avaliação). Deve ser descritivo e oferecer elementos que ajudem a entender as dimensões cognitiva, funcional, afetiva e social do sujeito, que serão trabalhadas na intervenção psicopedagógica.

Há uma série de instrumentos de coleta de dados para a avaliação, e a seleção deles depende da concepção teórica do psicopedagogo. Particularmente em nossa atuação, tomamos como fundamento a **epistemologia convergente**[5] de Jorge Visca, realizando a avaliação diagnóstica psicopedagógica

• • • • •
5 Teoria que busca compreender o processo de aprendizagem, considerado, sob essa ótica, uma construção psicossocial, em que as dimensões cognitiva, funcional, afetiva e social são analisadas. Baseia-se em conhecimentos da psicanálise, da psicologia social e da epistemologia genética.

conforme sua matriz de pensamento diagnóstico. Tal matriz não se configura como um modelo, mas como uma organização que norteia a práxis psicopedagógica desenvolvida na avaliação e, depois, na intervenção. Exige um movimento em que uma escolha é feita considerando-se as necessidades do aprendiz, o processo diagnóstico e a queixa recebida.

Os instrumentos de avaliação permitem que se conheça o sujeito e são utilizados para levantar o primeiro, o segundo e o terceiro sistema de hipóteses, confirmando os dados expressos pela queixa, refutando-os ou trazendo novas hipóteses, que podem vir a se confirmar e a determinar um diagnóstico.

Entre os instrumentos, podemos citar a Eoca; as provas do diagnóstico operatório; as provas projetivas piagetianas; a observação lúdica; as oficinas psicopedagógicas; as provas pedagógicas (leitura, escrita e conhecimento matemático); a anamnese; a análise do material escolar; a entrevista com a professora; a observação em sala de aula, exames complementares e a avaliação de outros profissionais (neurologista, oftalmologista, fonoaudiólogo, psicólogo etc.).

Para saber mais

WEISS, M. L. L. **Psicopedagogia clínica**: uma visão diagnóstica dos problemas de aprendizagem escolar. Rio de Janeiro: DP&A, 2004.

Nessa obra, que é referência para o psicopedagogo em formação, a autora apresenta em detalhes o desenvolvimento do processo de avaliação diagnóstica psicopedagógica, explica os instrumentos que nela são utilizados e aborda o informe psicopedagógico, a devolutiva e o encaminhamento para a intervenção.

1.3
As especificidades da intervenção psicopedagógica clínica

O trabalho psicopedagógico desenvolvido na intervenção demanda, inicialmente, o planejamento de atividades e a escolha de recursos objetivos. Os recursos subjetivos, no entanto, tornam-se necessários e são aplicados em função da progressão do trabalho, o que ocorre no contexto das sessões, questão que abordaremos no Capítulo 2.

A intervenção psicopedagógica tem particularidades que a caracterizam e lhe dão conformação; a principal delas é o vínculo afetivo. É fundamental que se estabeleça entre o sujeito e o psicopedagogo um vínculo afetivo especial, elo que torna a mediação ativa e dinâmica e permite o desenvolvimento de um trabalho conjunto de construção de conhecimentos, de expressão de sentimentos e de organização de pensamentos. Esse vínculo faz com que o aprendiz se sinta acolhido e seguro para se expressar livremente, experimentar, cometer erros, confidenciar, produzir e vivenciar; tudo isso sem constrangimentos, vergonha ou culpa, pois não será julgado nem criticado. Posteriormente, o profissional deve promover intervenções, mediações e interpretações, numa atitude operativa, momento em que o aprendiz se encontrará preparado para recebê-las.

Além disso, o processo de aprendizagem precisa se efetivar não só durante as sessões de intervenção psicopedagógica, mas também em outros espaços, ou seja, um vínculo positivo também deve ser estabelecido entre o psicopedagogo, a família e a escola do indivíduo. Esse contato sistemático possibilita ao profissional acompanhar o processo de aprendizagem no contexto escolar, orientar os professores e a equipe pedagógica da escola em relação às necessidades do aprendiz e indicar possíveis adaptações em materiais, estratégias, metodologias e avaliações. Já a família participa ativamente da intervenção quando: busca informações sobre o trabalho desenvolvido; solicita orientações e esclarecimentos; compartilha informações e sentimentos; dialoga, durante as sessões, sobre tarefas de casa, atividades de lazer, dificuldades e questões familiares, interações sociais e rotina diária.

Na organização do trabalho psicopedagógico de intervenção clínica, a "urgência" também é vital, uma vez que o sujeito tem dificuldades na aprendizagem escolar e precisa "voltar a aprender" o mais breve possível, para aproveitar as experiências oportunizadas em sala de aula.

A intervenção apresenta igualmente um caráter lúdico, que viabiliza os exercícios de criação, experimentação, exploração, imaginação, simbolização, expressão, construção e reconstrução. Por meio da brincadeira e do jogo, da produção de textos, das oficinas psicopedagógicas, das atividades de artes visuais, dos jogos dramáticos, entre outras atividades, o sujeito pode expressar simbolicamente aspectos subjetivos, conteúdos latentes, desejos e conflitos internos. Por intermédio dessas atividades, recupera-se o prazer de brincar, e um processo de aprendizagem significativa é posto em movimento, favorecendo a expressão, a apropriação de conhecimentos, a superação de dificuldades e o desenvolvimento.

Visto que limites claros e objetivos são requeridos e fixados em situações lúdicas com jogos de regras, esses recursos promovem a vivência de limites, o aumento da tolerância à frustração, a redução da ansiedade e das resistências, além da aprendizagem a respeito do que compõe um processo, que é organizado em etapas.

É relevante citar que, na intervenção, evitam-se atividades e situações iguais às vivenciadas pelo aprendiz no contexto escolar, mais especificamente na sala de aula, já que algumas são negativas e provocam relutância e rejeição de propostas, por exemplo.

De acordo com Barbosa (1998), a intervenção desdobra-se em três etapas: a **etapa simbólica**, na qual se estabelecem os vínculos entre o aprendiz e o mediador (psicopedagogo); a **etapa semirreal**, na qual as dificuldades são mobilizadas e trabalhadas ludicamente; e, finalmente, a **etapa real**, na qual o sujeito/aprendiz toma consciência de suas dificuldades e potencialidades por meio do processo de aprender e dos produtos decorrentes disso.

Esse trabalho apoia-se em uma proposta semiestruturada, que envolve planejamento, definição de objetivos, seleção de recursos e materiais etc., mas flexível, pois pressupõe adaptações e modificações ao longo de sua execução, o que acontece em virtude das necessidades e dos avanços do aprendiz, da percepção, análise e interpretação do mediador – na procura por compreender causas dos sintomas e suas manifestações nos contextos escolar e extraescolar –, bem como da relação construída por ambos.

Com base no exposto, é possível concluir que a intervenção organiza-se a partir da demanda do sujeito e da escuta do psicopedagogo, que precisa priorizar alguns aspectos em detrimento de outros porque não se podem solucionar todas as dificuldades de imediato.

Como pontuamos, nesse processo, estimulam-se o desenvolvimento das funções psicológicas superiores fundamentais para a aprendizagem e a estruturação de níveis mais complexos de pensamento, necessários para a apropriação dos conteúdos escolares, que, na intervenção, não são abordados diretamente, pois nela não se recuperam conteúdos em defasagem. Essa recuperação pode ser empreendida em uma atividade paralela; contudo, sua efetivação depende justamente daquele desenvolvimento de funções, da estruturação do pensamento e da mediação.

Reiteramos que é preciso ceder espaço para que o sujeito exercite sua capacidade de escolha e expresse suas vontades. Para tanto, é pertinente indicar-lhe temas ou assuntos de seu interesse, mas que não estão presentes no contexto escolar e, ainda, materiais que despertam sua atenção, mas não integram sua rotina. Essas escolhas, no entanto, são eventuais e aceitas levando-se em consideração as necessidades do indivíduo e os rumos tomados pela intervenção.

Nesse contexto, o "erro" figura como objeto de análise e elemento natural do processo de aprendizagem. Ele pode ser compreendido como uma hipótese a ser confirmada, refutada ou transformada, além de ser possível experienciá-lo, no trabalho psicopedagógico, em situações lúdicas com menos sofrimento, ansiedade, angústia ou culpa. Mediando a relação entre o sujeito e o conhecimento, o psicopedagogo atua para levar o aprendiz a constatar o erro, tomar consciência dele e analisar os procedimentos que motivaram sua construção, o que possibilita sua compreensão e a mudança das estratégias de ação adotadas pelo indivíduo.

Conforme Grassi (2013b), é crucial que o psicopedagogo responsável pela intervenção disponha de uma formação teórica sólida, conheça recursos, instrumentos e técnicas, bem como seus fundamentos, e tenha formação pessoal e preparação emocional para estabelecer vínculos com os sujeitos/aprendizes, atuar de modo operativo e entender a importância da mediação e das interações para a aprendizagem e o desenvolvimento. Soma-se a isso a necessidade de esse profissional compreender que haverá períodos muito produtivos, em que diversos progressos e aprendizagens acontecerão, e outros pouco produtivos, em que se avançará nada ou quase nada. Diante disso, ele precisará identificar resistências, ansiedades, angústias ou medos, para logo após mediar.

A mediação é, pois, uma condição sem a qual a aprendizagem não acontece; um tema essencial para o trabalho psicopedagógico de intervenção e que abordaremos na próxima seção.

1.4
Mediação: condição para a intervenção e para a aprendizagem

O que caracteriza o trabalho desenvolvido na intervenção psicopedagógica, além de ser uma condição fundamental para a efetivação desta, é a relação de mediação entre o ensinante e o aprendente, entre o psicopedagogo e o paciente.

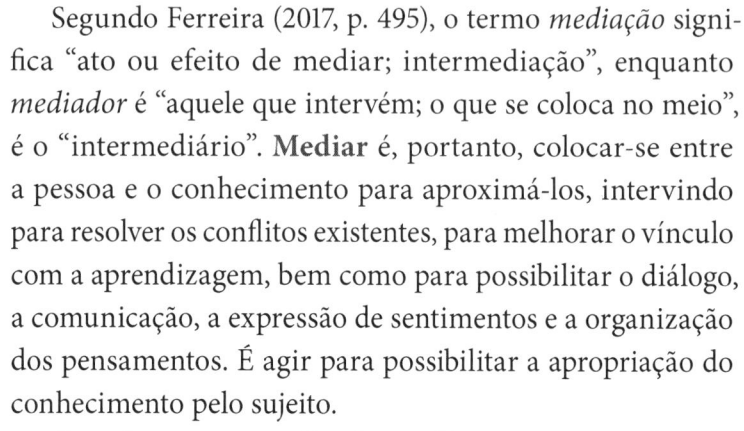

Segundo Ferreira (2017, p. 495), o termo *mediação* significa "ato ou efeito de mediar; intermediação", enquanto *mediador* é "aquele que intervém; o que se coloca no meio", é o "intermediário". **Mediar** é, portanto, colocar-se entre a pessoa e o conhecimento para aproximá-los, intervindo para resolver os conflitos existentes, para melhorar o vínculo com a aprendizagem, bem como para possibilitar o diálogo, a comunicação, a expressão de sentimentos e a organização dos pensamentos. É agir para possibilitar a apropriação do conhecimento pelo sujeito.

Com base no sentido de *mediação* apresentado por Vygotsky (1984), podemos entender que o sujeito humano, na qualidade de sujeito do conhecimento, não tem acesso direto aos objetos do conhecimento, e sim mediado pelas relações ou interações com outros sujeitos; essa mediação ocorre por meio de instrumentos e signos – recursos, técnicas, materiais, diferentes linguagens – e suscita o desenvolvimento das funções psicológicas superiores.

Como já explicamos, desenvolver tais funções é o objetivo da intervenção, o que leva o sujeito/aprendiz a apropriar-se dos conhecimentos científicos e escolares, a aprender sistemática e assistematicamente, enfim, a desenvolver-se. E a relação mediada com o mundo em si impulsiona a aprendizagem, fazendo circular o conhecimento, o pensamento e os sentimentos.

1.4.1
A mediação da aprendizagem para Lev Vygotsky

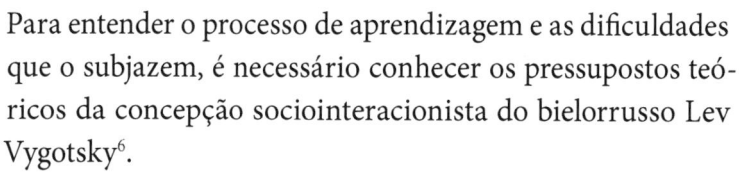

Para entender o processo de aprendizagem e as dificuldades que o subjazem, é necessário conhecer os pressupostos teóricos da concepção sociointeracionista do bielorrusso Lev Vygotsky[6].

Ao nascer, o sujeito humano depende integralmente de outro indivíduo para sobreviver, que atua como mediador, filtrando, selecionando e organizando os estímulos que chegam ao bebê, o que acontece num contexto sócio-histórico. Na continuidade de sua evolução, seu desenvolvimento é marcado por sua inserção em um grupo cultural, o que configura um **processo interpsicológico**, ou seja, as ações da pessoa são interpretadas pelo mediador de acordo com os significados de sua cultura, interpretação esta que lhe possibilita atribuir significado às próprias ações e desenvolver os processos psicológicos superiores – o que corresponde a um **processo intrapsicológico**. Tais processos são interpretados pelo sujeito por intermédio da lente da cultura e compreendidos em função dos códigos comuns ao grupo de que faz parte (Oliveira, 2004).

Para Vygotsky, **mediação** "é o processo de intervenção de um elemento intermediário numa relação; a relação deixa, então, de ser direta e passa a ser mediada por esse elemento"

• • • • •
6   Lev Semionovich Vygotsky nasceu em Orsha, na Bielorrússia, em 1896 e faleceu em 1934, aos 37 anos. Desenvolveu um sistema psicológico que recebeu a denominação de *psicologia sócio-histórica*, vertente que tem entre seus principais conceitos o de mediação.

(Oliveira, 2004, p. 26). É, portanto, uma interação entre o mediador e o sujeito partícipe da mediação, sendo mais transformadora quando promovida na zona de desenvolvimento proximal.

Nesse processo, identificam-se o **desenvolvimento real**, que corresponde a um nível de desenvolvimento relativo àquilo que o sujeito consegue realizar de forma independente, e o **desenvolvimento potencial**, que é marcado por aquilo que o sujeito consegue realizar com auxílio ou mediação de outro sujeito mais experiente. A distância entre esses níveis é denominada por Vygotsky de **zona de desenvolvimento proximal**, entendida como o caminho que deve ser percorrido pelo sujeito para desenvolver funções que estão em processo de construção, mas ainda não estabelecidas, e que se consolidam por meio da ação do mediador.

A aprendizagem resulta, assim, de uma relação mediada entre um sujeito e os objetos do conhecimento, sendo possibilitada pela ação de elos intermediários (sujeitos, instrumentos ou signos); trata-se, assim, de uma **aprendizagem mediada**. Além de impulsionar, como explicamos antes, o desenvolvimento das funções psicológicas superiores, também estimula o aprimoramento das atividades psicológicas voluntárias, intencionais e controladas pelo sujeito (Oliveira, 2004).

No processo de mediação, é função do mediador despertar nos sujeitos da mediação o desejo de aprender, visto que aquele – professor, ensinante, psicopedagogo – é alguém mais experiente do que estes – alunos, aprendizes, aprendentes, pacientes –, que tem conhecimentos dos quais tais indivíduos ainda não dispõem, o que instaura entre ambos os lados uma interação ativa e dinâmica, sobretudo dialética.

Na intervenção psicopedagógica, o psicopedagogo ocupa o papel de mediador, pois atende o sujeito, organiza o processo, assim como seleciona e filtra os estímulos, a fim de propiciar o desenvolvimento das funções psicológicas requeridas pelo ato de aprender. Esse papel é intercambiável, porque tanto o próprio indivíduo quanto seus colegas, familiares e irmãos mais experientes podem atuar como mediadores.

1.4.2
A mediação da aprendizagem para Reuven Feuerstein

Nesta seção, apresentaremos algumas ideias do romeno Reuven Feuerstein[7] sobre mediação; contudo, não aprofundaremos sua teoria, visto que isso fugiria dos objetivos deste livro. Ao final, indicaremos algumas leituras complementares e essenciais para conhecer esse autor e melhor compreender sua linha de pensamento.

Segundo Feuerstein (1980), o sujeito humano, para se desenvolver, precisa passar tanto por experiências de aprendizagem mediadas quanto por experiências de aprendizagem diretas, que só serão aproveitadas se as primeiras forem vivenciadas. Na **aprendizagem direta**, o organismo está em contato direto com o estímulo e, na **aprendizagem mediada**, entre o organismo e o estímulo existe um mediador, que

-----
7   Reuven Feuerstein nasceu em 1921, em Botosani, na Romênia. Doutor em psicologia do desenvolvimento, foi aluno de Piaget e criou o Programa de Enriquecimento Instrumental (PEI) e as teorias da modificabilidade cognitiva estrutural e da aprendizagem mediada. Atualmente, reside em Israel, onde tem dado continuidade a suas pesquisas.

possibilita a criação de processos que afetam os estímulos, modificando o modo de aproveitamento destes.

Embora o sujeito/aprendiz estabeleça relações de aprendizagem direta, isso nem sempre garante o aprendizado, sendo necessária a construção de relações de aprendizagem mediada, para que as funções psicológicas superiores se desenvolvam e tornem de fato possível a aprendizagem.

A mediação, para o autor (Feuerstein; Falik; Feuerstein, 1998), é uma estratégia de intervenção em que há a presença de um outro que se coloca entre o sujeito e o estímulo, entre a pessoa e o objeto do conhecimento. Esse outro filtra os estímulos, faz ligações entre eles, adapta-os, assim como focaliza os mais adequados para o aprendiz naquele momento em vez de outros estímulos menos relevantes, e tudo isso – essa intervenção em termos de percepção, atenção, seleção e organização – ocasiona uma modificação estrutural que guia o sujeito segundo a intencionalidade do mediador.

Complementando o exposto, Meier e Garcia (2010, p. 71) afirmam que mediar é "possibilitar e potencializar a construção do conhecimento pelo mediado". É uma ação concretizada somente quando o mediador compreende que não se ensina nem se transmite conhecimento. Nessa perspectiva, a mediação corresponde ainda, conforme Beyer (citado por Meier; Garcia, 2010, p. 123), a "um processo de interação entre o organismo humano em desenvolvimento e um indivíduo com experiências e intenções [...] que seleciona, enfoca, retroalimenta as experiências ambientais e os hábitos de aprendizagem".

A exposição direta aos estímulos é importante para o desenvolvimento cognitivo e acontece em boa parte do tempo, porém, para Feuerstein (1980), é a **interação mediada** (cultura) que permite o aprimoramento das funções cognitivas superiores.

Essa mediação é operada por outros representantes da cultura com os quais o sujeito se relaciona: a mãe, o professor, o pai, os irmãos, os amigos etc. Eles escolhem, modulam, repetem, direcionam e eliminam os estímulos de acordo com os significados que lhes conferem e com as necessidades do sujeito focalizado na intervenção.

Dessa forma, a **experiência de aprendizagem mediada** viabiliza a atribuição de significados a situações, comportamentos, ações e sentimentos, bem como a transmissão de informações que não estão disponíveis pela exposição direta, oportunizando ao sujeito experiências que estruturam as funções cognitivas superiores e, portanto, possibilitando a apropriação dos conhecimentos e da cultura (difundida entre os indivíduos), como destaca Feuerstein (citado por Meier; Garcia, 2010). Gradativamente, em razão dessa experiência de aprendizagem, criam-se condições para que o sujeito alcance autonomia, podendo, então, relacionar-se diretamente com o estímulo.

Quando a mediação não é realizada de modo apropriado, é irregular ou insuficiente, de acordo com Feuerstein (Feuerstein; Falik; Feuerstein, 1998), resulta em disfunções cognitivas, dificuldades de aprendizagem e fracasso escolar. Diante desse cenário, é preciso intervir mediando e, por isso, a intervenção psicopedagógica é uma alternativa para a superação desse quadro e a conquista da autonomia por meio da mudança estrutural cognitiva.

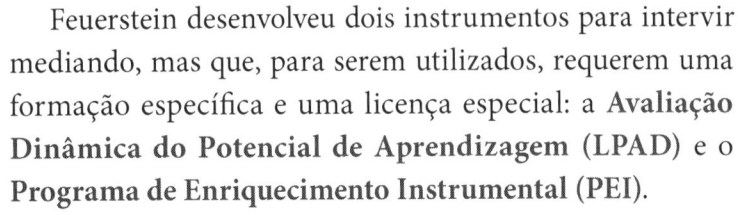

Feuerstein desenvolveu dois instrumentos para intervir mediando, mas que, para serem utilizados, requerem uma formação específica e uma licença especial: a **Avaliação Dinâmica do Potencial de Aprendizagem (LPAD)** e o **Programa de Enriquecimento Instrumental (PEI)**.

Por meio da mediação coordenada pelo PEI, desenvolvida com base na teoria da experiência de aprendizagem mediada, formulada por esse estudioso, as disfunções cognitivas – segundo o autor, decorrentes da insuficiência ou da carência de experiência de aprendizagem mediada, resultando em um funcionamento cognitivo vulnerável – são reorganizadas e otimizadas.

A teoria da modificabilidade estrutural cognitiva, proposta por Feuerstein, ressalta a plasticidade cerebral[8], concebendo o sujeito humano como um sistema aberto, em transformação (aprende mas também ensina) e em diálogo (trocas de conteúdos e interação com seus pares) ao longo de toda a vida. Logo, conforme essa perspectiva, é possível aprender em qualquer estágio da vida – o que, como explicamos, estimula a autonomia e suscita mudanças estruturais –; entretanto, para isso, a presença de um mediador é essencial.

1.4.3
As modalidades de aprendizagem

Para que a aprendizagem se efetive, é preciso que se estabeleça uma relação entre os sujeitos – aprendente e ensinante – e o conhecimento, como já mencionamos. O modelo básico

• • • • •
8 Modificação cerebral que acontece em virtude da ação de elementos externos – estímulos que promovem mudanças.

dessa relação é aquele referente ao sujeito e à sua figura materna, o que Fernández (2001) denomina de "modalidade de aprendizagem". Para a autora, **modalidade de aprendizagem** diz respeito a uma forma de relação que o sujeito utiliza para aprender; a uma organização de aspectos conscientes, inconscientes e pré-conscientes; a um modelo com o qual ele opera nas situações de aprendizagem que vivencia. E essa modalidade pode também se tornar patológica.

Baseando-se em Piaget, a autora destaca que, no processo de aprender, ocorrem a assimilação, a acomodação e a equilibração, tema que você deve ter estudado anteriormente e que, neste ponto, vamos apenas relembrar.

A **assimilação** é a experiência do sujeito com o objeto do conhecimento, quando aquele retira deste algumas informações e as incorpora. Já a **acomodação** é a mudança estrutural acarretada pela interação com tal objeto. A assimilação e a acomodação são marcadas pelo alcance, por parte do sujeito, de um estado de equilibração. Essa **equilibração** permite que as experiências externas sejam integradas à estrutura cognitiva, modificando-a. A aprendizagem pressupõe, assim, um constante processo de assimilação, acomodação e equilibração.

Quanto às modalidades de aprendizagem patológicas apresentadas por Fernández (2001), Paín (2007) e Andrade (2011), temos: a hipoassimilação; a hiperassimilação; a hipoacomodação; e a hiperacomodação. O sujeito pode apresentar hipoassimilação – hipoacomodação; hiperassimilação – hipoacomodação; e hipoassimilação – hiperacomodação.

Na **hipoassimilação**, os esquemas mentais são pobres, o contato com o objeto do conhecimento é limitado, a ludicidade deficiente, e a criatividade ausente. O sujeito tem um vínculo negativo com o objeto do conhecimento e, por conseguinte, tende a evitá-lo, demonstrando apatia e desinteresse. Não há, nesse contexto, o desejo de aprender.

Na **hiperassimilação**, os esquemas mentais são internalizados prematuramente, com o predomínio da ludicidade. Notam-se dificuldades em termos de atenção, concentração e manutenção de foco. Nessa modalidade, as pessoas são distraídas, desatentas, imaturas e contam muitas histórias fantásticas.

Na **hipoacomodação**, há um contato superficial com o objeto do conhecimento e certa dificuldade de internalização. Trata-se de algo comum em sujeitos que não foram adequadamente estimulados, que foram negligenciados ou que tiveram negada a possibilidade de repetir as experiências diversas vezes. Seus esquemas mentais são, em razão disso, repetitivos e empobrecidos, e suas produções (desenhos, escrita, fala), pobres de detalhes, feitas com desinteresse e apatia.

Finalmente, na **hiperacomodação**, há o predomínio da imitação, da passividade, da submissão e da obediência tácita às normas e às regras, faltando iniciativa e autonomia. O indivíduo tem dificuldade para relembrar e utilizar experiências anteriores, necessitando de modelos para conseguir expressar sentimentos e emoções. Além disso, procura agradar aos outros, segundo Klumpp e Andrade (2017), em virtude de sua necessidade de resgatar, inconscientemente, o amor da figura materna, sentindo-se como se estivesse perdido.

Na intervenção psicopedagógica, é importante considerar tanto a modalidade de aprendizagem do sujeito, visto que é um dos elementos que podem nortear a escolha dos instrumentos e a organização desse processo, quanto as possibilidades de autoria, fundamental para o exercício da autonomia.

Para alcançar um estado de equilíbrio, o sujeito passa a se comportar de maneira peculiar e, em razão disso, a dificuldade de aprendizagem denuncia questões importantes a superar e causadoras dessa adversidade. As dificuldades de aprendizagem são, assim, consideradas sintomas a serem desvelados.

Na avaliação diagnóstica, busca-se, portanto, desvelar os sintomas e suas causas, reconhecendo as modalidades patológicas de aprendizagem e as possibilidades de autoria; por seu turno, na intervenção, objetiva-se mediar a relação sujeito-objeto para trabalhar os motivos da não aprendizagem, de modo a suprimir os sintomas, equacionar as dificuldades e possibilitar as interações, por meio de instrumentos (objetivos e subjetivos) promotores das alterações necessárias à conquista da autonomia, da autoria e da aprendizagem em si.

1.5
O enquadramento e o *setting* psicopedagógico

Começar a intervenção psicopedagógica pressupõe a definição de algumas constantes que Visca (2010) chama de "enquadramento". Para o psicopedagogo que inicia sua carreira ou para o estudante em formação, muitas dúvidas podem surgir em relação a essa questão.

Após a conclusão da avaliação diagnóstica psicopedagógica, no momento da devolutiva aos familiares ou depois dela, quando se opta pela intervenção, é fundamental que se firme entre o psicopedagogo e a família do sujeito um contrato de trabalho, o qual definirá as constantes do enquadramento, que são importantes elementos norteadores da intervenção, segundo Visca (2010).

Você deve estar se perguntando: O que é enquadramento? Carlberg (2012, p. 31) define **enquadramento** como um "conjunto de aspectos que organizam uma realidade. É um marco de referência, um caminho que é organizado, uma margem que contém e dá segurança". Por sua vez, Visca (2010, p. 27) identifica como **constantes do enquadramento** aspectos como o "tempo" (duração das sessões), o "espaço" (local – sala, consultório), a "frequência" (número de sessões semanais), a "duração" (limitada ou não), a "caixa de trabalho" (conjunto de objetos para a intervenção), as "interrupções" (feriados, férias) e os "honorários" (valores e formas de pagamento); são aspectos que normatizam a práxis psicopedagógica.

O trabalho psicopedagógico de intervenção requer um **espaço físico e emocional** – Weiss (2004) caracteriza-o destacando sua funcionalidade e organização –, um **tempo** e uma **técnica**, todos articulados de forma a representar uma concepção psicopedagógica fundamentada em um referencial teórico específico. Esses três elementos constituem o ***setting***, termo emprestado da psicologia e que significa "configuração, ambientação, organização, enquadre, cenário".

Procede-se ao trabalho psicopedagógico em uma sala ou consultório, cujo espaço deve ser adequado ao número de participantes. Para o atendimento individual ou em grupo, uma sala ampla, arejada, com boa iluminação e ventilação é a ideal. Ela deve comportar os pacientes/acompanhantes confortavelmente, considerando-se as atividades que serão realizadas e a necessidade de mobilidade. Além disso, sua decoração deve ser básica e o piso, neutro e de fácil limpeza. Afixados às paredes, cuja cor deve ser clara, um relógio e um calendário podem auxiliar na organização espaço-temporal do sujeito, no estabelecimento de limites e na percepção de seu ritmo de trabalho. Quanto ao mobiliário, um sofá confortável, uma mesa com cadeiras também confortáveis, um banco pequeno – que poderá servir de apoio em diferentes situações –, um armário com portas, uma estante com livros, um quadro de giz ou um quadro branco e um espelho são essenciais. No chão, é interessante haver um tapete fácil de lavar ou um tatame coberto com material impermeável e algumas almofadas.

Ainda, é possível manter na sala um computador e outros recursos tecnológicos (filmadora, câmera fotográfica, gravador, *videogame* etc.), preferencialmente guardados em um armário, no qual também devem ser acondicionados em caixas os jogos, os brinquedos e os demais materiais, para serem utilizados em momentos oportunos. Já os livros podem ser deixados na estante, podendo-se acomodar alguns deles em caixas no armário. Uma outra sala também pode ser empregada para guardar os materiais quando não estão em uso, o que proporciona mais espaço livre na sala de atendimento.

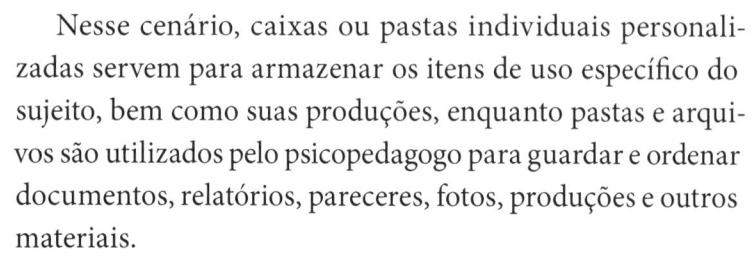

Nesse cenário, caixas ou pastas individuais personalizadas servem para armazenar os itens de uso específico do sujeito, bem como suas produções, enquanto pastas e arquivos são utilizados pelo psicopedagogo para guardar e ordenar documentos, relatórios, pareceres, fotos, produções e outros materiais.

Uma pia e um banheiro na sala ou bem próximo otimizam a realização de algumas atividades, pois evitam a saída para utilizá-los – por exemplo, para lavar as mãos após um exercício com tinta – ou a demora para deles retornar.

É importante igualmente higienizar e guardar os materiais após sua utilização. Por esse motivo, as sessões podem ser marcadas com intervalos de 10 minutos entre o término de uma e o início de outra, justamente para a limpeza e a organização do ambiente.

Visca (2010) ressalta a importância de o espaço de atendimento psicopedagógico permanecer constante, visto que serve de continente para os sentimentos do sujeito, dando-lhe segurança. Por isso, os atendimentos devem ocorrer na mesma sala, em horário fixo e nas datas marcadas previamente, ou seja, mudanças devem ser eventuais.

Quanto à criação do espaço emocional, ele é construído em função do vínculo existente entre o psicopedagogo e o sujeito, que torna o ambiente um espaço agradável, seguro e confortável no qual é possível ser e estar integralmente.

Tudo o que citamos até aqui se materializa em um tempo e em um número de sessões específicos. As sessões geralmente são semanais, mas, quando necessário, é possível realizá-las 2 ou 3 vezes por semana. Sua duração é de 50 minutos, podendo estender-se a 60 minutos. Há casos, porém, em que o tempo pode ser mais curto (30 minutos) ou mais amplo (90 minutos ou mais), o que depende do trabalho planejado e das características ou necessidades do sujeito.

As interrupções são definidas no enquadramento e, em regra, acontecem no período de férias e recessos escolares, sem comprometer o trabalho psicopedagógico iniciado. Os feriados são computados antecipadamente, o que evita o agendamento de atividades nessas datas. Quanto às faltas, também devem ser registradas no enquadramento e, no caso de imprevistos, remarcações são acordadas.

No que concerne a honorários, eles acompanham os valores de mercado e são atribuídos considerando-se o tempo, o número de sessões, o serviço prestado e o material utilizado, no intuito de se adotar um parâmetro justo tanto para o sujeito e sua família quanto para o profissional. Também são definidos no enquadramento e acordados no contrato firmado.

Agora que você já sabe o que é intervenção, quais são suas especificidades e sua forma de organização, como se caracterizam o enquadramento e suas constantes e como deve ser o *setting* psicopedagógico, podemos passar ao estudo das diferentes visões que fundamentam o trabalho de intervenção.

Síntese

Neste capítulo, apresentamos o que é intervenção psicopedagógica clínica, de modo a possibilitar a compreensão de seu caráter preventivo e terapêutico, bem como de sua estreita relação com o processo de avaliação diagnóstica psicopedagógica.

Vimos que a intervenção é um processo em que há a mediação, por parte do profissional de psicopedagogia, na aprendizagem e/ou no desenvolvimento de um sujeito que está enfrentando dificuldades. Nesse contexto, não são trabalhados os conteúdos escolares em defasagem, e sim as funções psicológicas superiores que possibilitam a aprendizagem destes.

Além disso, enfatizamos que o trabalho psicopedagógico é efetivado com base em uma proposta de intervenção semiestruturada, cujo planejamento é previamente estipulado mas flexível, o que pressupõe que modificações podem ser feitas durante o processo em função das necessidades do sujeito/aprendiz, de seus avanços, das relações estabelecidas entre ele e o conhecimento, das modalidades de aprendizagem e da percepção do mediador.

Apresentamos também as especificidades do processo de intervenção e seus objetivos; a importância do enquadramento e da definição de suas constantes, segundo Visca; e o *setting* psicopedagógico, descrevendo o espaço físico e emocional no qual a intervenção se desenvolve.

Tratamos do erro como elemento natural no processo de conhecer e aprender, presente nas atividades lúdicas e provocado no trabalho de intervenção, em que pode ser vivenciado sem culpa, vergonha ou medo. Verificamos, ainda, que sua percepção e análise levam à compreensão do que ocasionou sua produção e à superação dele por meio da mediação.

Fundamentados nos conceitos de Vygotsky e de Feuerstein, abordamos a mediação como condição essencial para o desenvolvimento do trabalho psicopedagógico de intervenção e, consequentemente, para o processo de aprendizagem do sujeito humano.

Destacamos, por fim, que o psicopedagogo precisa apurar sua escuta e seu olhar, a fim de compreender o processo de aprendizagem do sujeito e os caminhos trilhados por ele em relação à execução das tarefas propostas, à sua modalidade de aprendizagem e às suas escolhas. Para o aprendiz, tal profissional deve ser como um continente: acolhe o outro, escuta-o sem julgar ou criticar, assim como promove a mediação por meio de intervenções e interpretações realizadas ao longo do processo, utilizando-se de recursos subjetivos e objetivos.

Indicações culturais

Livros

BEYER, H. O. **O fazer psicopedagógico**: a abordagem de Reuven Feuerstein a partir de Piaget e Vygotsky. Porto Alegre: Mediação, 1996.

O autor descreve elementos da abordagem de Feuerstein que nos ajudam a compreender a teoria e os instrumentos de intervenção propostos pelo psicólogo romeno.

FACCI, M. G. D.; TULESKI, S. C.; BARROCO, S. M. S. **Escola de Vygotsky**: contribuições para a psicologia e a educação. Maringá: Eduem, 2009.

Os autores apresentam os principais conceitos da psicologia de Vygotsky, entre os quais destacamos a formação dos processos psicológicos superiores e a mediação instrumental. É uma leitura indicada para aprofundar os conhecimentos sobre a teoria de Vygotsky.

MEIER, M.; GARCIA, S. **Mediação da aprendizagem**: contribuições de Feuerstein e de Vygotsky. Edição do autor. Curitiba: [s.n.], 2010.

Os autores apresentam a teoria da aprendizagem mediada de Feuerstein. É uma leitura importante para compreender a mediação, que é um elemento fundamental no processo de aprendizagem.

OLIVEIRA, M. K. de. **Vygotsky**: aprendizado e desenvolvimento – um processo sócio-histórico. São Paulo: Scipione, 2004.

A autora apresenta a psicologia sócio-histórica de Vygotsky, abordando seus conceitos fundamentais e a mediação.

Filmes

COLEÇÃO Grandes Educadores: Jean Piaget. Direção: Régis Horta. Brasil: MEC/TV Escola, 2006. 56 min.

Nesse documentário, Yves de La Taille apresenta as principais ideias de Piaget de forma clara e possibilita a compreensão dos conceitos da epistemologia genética.

COLEÇÃO Grandes Educadores: Vygotsky. Direção: Régis Horta. Brasil: MEC/TV Escola, 2006. 44 min.

Nesse outro volume da mesma coleção, Marta Kohl de Oliveira apresenta as principais ideias de Vygotsky. É um excelente material para conhecer a psicologia histórico-cultural.

Atividades de autoavaliação

1. Com relação à intervenção psicopedagógica clínica, é correto afirmar:
   a) O informe psicopedagógico é o documento que norteia a proposta de intervenção clínica.
   b) A intervenção psicopedagógica é uma forma de atendimento exclusivamente corretiva e/ou terapêutica.
   c) O profissional que planeja a intervenção psicopedagógica clínica escolhe um modelo de intervenção cujos recursos e instrumentos já estão descritos e devem ser aplicados sem mudanças ou adaptações.
   d) Na intervenção psicopedagógica clínica, o profissional considera a queixa e, com base nela, elabora sua proposta.
   e) Após a realização da Eoca, já é possível planejar a intervenção psicopedagógica clínica.

2. Acerca do que se entende por *intervenção psicopedagógica*, assinale V (verdadeiro) ou F (falso) nas afirmativas a seguir.
   ( ) A intervenção é um processo simples e objetivo, e basta considerar os resultados da avaliação para planejá-lo.
   ( ) A intervenção é complexa, pois requer organização, conhecimento, pesquisa, mediação e, principalmente, sensibilidade do profissional.
   ( ) Trata-se da ação de interferir no processo de aprendizagem do sujeito para promover mudanças radicais e imediatas.

( ) Trata-se da ação psicopedagógica em que um profissional acompanha a aprendizagem de um sujeito com dificuldades, como transmissor de conhecimentos.

( ) A intervenção é um processo corretor em que o psicopedagogo se oferece ao sujeito como um continente, acolhendo-o sem julgamentos ou críticas e dando-lhe segurança e suporte.

Agora, marque a alternativa que apresenta a sequência correta:

a) F, F, F, V, V.
b) V, V, F, F, V.
c) F, V, F, F, V.
d) V, F, F, V, F.
e) F, F, V, V, F.

3. Sobre os objetivos específicos da intervenção psicopedagógica clínica, assinale V (verdadeiro) ou F (falso) nas afirmativas a seguir.

( ) Compreender o processo de aprendizagem de um sujeito concreto, particularizado por sua história de vida e experiências, sócio-histórico e determinado pelas relações estabelecidas com a cultura de que faz parte.

( ) Desenvolver metodologias específicas para recuperar conteúdos escolares em defasagem.

( ) Resgatar a possibilidade de aprendizagem de um sujeito que apresenta dificuldades e cuja autoestima encontra-se baixa.

( ) Possibilitar ao sujeito a autoria do pensamento, a autonomia e o protagonismo.
( ) Estimular o desenvolvimento de estruturas mais complexas de pensamento por meio de reforços positivos e negativos.

Agora, marque a alternativa que apresenta a sequência correta:

a) V, F, F, F, V.
b) V, F, V, V, F.
c) F, V, F, F, V.
d) F, V, V, V, V.
e) V, V, F, F, V.

4. Assinale a alternativa que apresenta o significado de *mediação*:
   a) É a ação exercida exclusivamente por um profissional da psicopedagogia, a fim de possibilitar a aprendizagem.
   b) É uma intervenção realizada por um sujeito mais experiente que seus pares, circunstância em que um transmite seus conhecimentos e o outro os reproduz.
   c) É uma relação entre sujeitos intermediada por instrumentos e signos e que possibilita o desenvolvimento das funções psicológicas superiores.
   d) É o processo de intervenção realizado pelo professor na escola, por meio da exposição de conteúdos, e permeado por ações de reforçamento positivo (elogios e recompensas) e de reforçamento negativo (castigos e punições).
   e) É a interferência exercida por um sujeito mais velho que o aprendiz e que tem mais conhecimentos que ele.

5. O atendimento psicopedagógico requer uma organização técnica, um espaço e um tempo, que são denominados de *setting psicopedagógico*. A respeito disso, assinale V (verdadeiro) ou F (falso) nas afirmativas a seguir.

( ) A intervenção psicopedagógica efetiva-se por intermédio de um espaço físico e emocional, de um tempo específico e de uma técnica, que se organizam de modo particular como representação da concepção que lhes serve de referencial.

( ) A sala em que a intervenção psicopedagógica será desenvolvida deve ser pequena, arejada, com pintura de paredes clara, bem-iluminada e ornamentada por quadros coloridos; um carpete e um tapete macio também podem tornar o ambiente mais confortável e aconchegante.

( ) O mobiliário escolhido para compor o *setting* deve ser básico: uma mesa e duas cadeiras confortáveis, um banco de apoio, um sofá, um ou dois armários com portas, uma estante para livros e outros materiais, um espelho e um quadro de giz.

( ) O espaço de atendimento psicopedagógico (sala, consultório) deve variar sempre, a fim de proporcionar experiências novas ao sujeito. A mobília pode ser a mesma, mas organizada de maneiras diversas, e os objetos decorativos devem ser trocados a cada semana. Acrescentar jogos e outros materiais à caixa de trabalho a cada quinzena também promove experiências novas.

( ) Pode ser disponibilizado ao sujeito/aprendiz um computador, que eventualmente pode ser usado no trabalho de intervenção. Ele deve permanecer guardado em um armário ou gaveta para não causar distrações.

Agora, marque a alternativa que apresenta a sequência correta:

a) F, V, F, V, F.
b) V, F, V, F, V.
c) V, V, F, V, F.
d) F, F, V, F, V.
e) V, V, F, F, V.

Atividades de aprendizagem

Questões para reflexão

1. Afirmamos neste capítulo que, na intervenção psicopedagógica clínica, não são trabalhados conteúdos escolares em defasagem, mas as funções psicológicas superiores que possibilitam a aprendizagem desses conteúdos. Considerando essa afirmação, pesquise sobre o trabalho psicopedagógico de intervenção, procure argumentos que o justifiquem e, em seguida, produza um texto para apresentá-los.

2. Pesquise sobre a mediação e, baseando-se no conteúdo encontrado, redija um pequeno texto de apoio sobre o tema (como um roteiro), para, em uma transmissão *on-line*, apresentar suas ideias acerca da importância da mediação no processo de aprendizagem, promovendo o debate e a reflexão entre seus colegas e espectadores.

3. Pesquise sobre as modalidades de aprendizagem consideradas patológicas de acordo com Fernández (2001) e Paín (2007) e procure identificá-las em alunos, em conhecidos ou em você mesmo. Em seguida, organize algumas atividades de intervenção com base nas modalidades percebidas.

Atividades aplicadas: prática

1. Entreviste um psicopedagogo a respeito da intervenção psicopedagógica. Nesse encontro, pergunte: (i) o que é intervenção; (ii) quais seus objetivos; (iii) quais aspectos caracterizam o trabalho desse profissional; e (iv) quais são as constantes de seu enquadramento. Registre as informações obtidas, compare-as com os conteúdos apresentados neste capítulo e, por fim, discuta esses tópicos com seus colegas em um fórum *on-line*, refletindo sobre as semelhanças e as diferenças identificadas entre depoimentos e teoria.

2. Pesquise sobre o *setting* psicopedagógico na intervenção. Para tanto, utilize livros e artigos, procure imagens e fotos e entreviste profissionais da área. Depois, coteje os dados coletados com os da discussão deste capítulo, registrando as similaridades e os distanciamentos entre as características listadas nesses textos. Por fim, crie uma representação gráfica (desenho, composição fotográfica ou composição gráfica virtual) de como você organizaria o espaço físico de uma sala para o atendimento psicopedagógico.

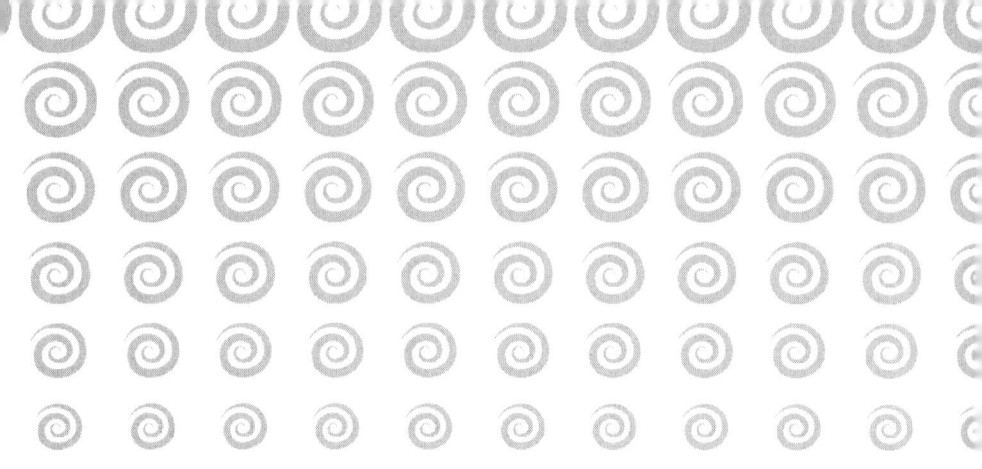

2
Intervenção psicopedagógica clínica: visões, concepções e abordagens

O trabalho psicopedagógico carrega em seu bojo um espaço para a autoria. Os profissionais que o realizam são pesquisadores e, à medida que buscam por alternativas nesse processo, paulatinamente vão construindo-se como psicopedagogos mediante a adaptação e a criação de instrumentos, a produção de conhecimentos e o desenvolvimento de uma práxis, para propiciar o melhor atendimento possível ao sujeito que os contata. Nessa caminhada, a prática psicopedagógica vai estruturando-se e organizando-se, uma teoria fornece-lhe sustentação e uma concepção serve-lhe de base: configura-se, então, o nascimento da práxis psicopedagógica. Neste capítulo, abordaremos algumas concepções que fundamentam essa práxis na intervenção.

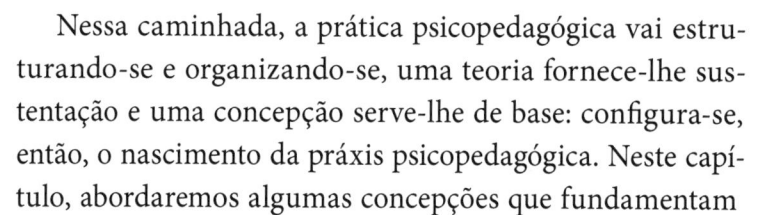

2.1
A concepção de Sara Paín: construtivismo e psicanálise

A psicopedagoga argentina Sara Paín fundamenta-se na teoria psicanalítica e na epistemologia genética, compreendendo, assim, a dificuldade de aprendizagem como um sintoma que precisa ser desvelado e cuja origem encontra-se na constituição orgânica e na relação entre o sujeito e seus pais.

Para a autora, a intervenção psicopedagógica – a qual denomina de "tratamento psicopedagógico" e, conforme sua recomendação, deve ser empreendida por um psicólogo e ter como base a teoria psicanalítica e a organização da proposta (Souza, 2013) – implica tratar o sujeito para que a aprendizagem seja concretizada e promova a autorrealização. Além disso, em sua visão, a intervenção pedagógica tem um enquadramento específico com três aspectos importantes: é **sintomática**, considerando-se que o sujeito não pode integrar os objetos do conhecimento e seu tratamento, é, portanto, urgente; é **situacional**, baseando-se no que acontece nas sessões; e é **operativa**, efetivando-se sempre por intermédio de uma tarefa a ser cumprida, para a qual há uma instrução e uma orientação oferecidas pelo profissional (Paín, 2007).

Os objetivos da intervenção são o desaparecimento do sintoma, o resgate da possibilidade de o sujeito aprender sem dificuldades e com independência e a conquista da autovalorização, conforme ressalta Souza (2013).

Segundo Paín (2007), também é essencial determinar e indicar o atendimento mais urgente: a intervenção psicopedagógica ou a psicoterapia – já que, em sua perspectiva, elas não devem ocorrer concomitantemente.

Nesse contexto, embora haja uma urgência quanto à necessidade de intervir o mais rápido possível, também é preciso dar ao sujeito tempo suficiente para que se aproprie dos conhecimentos e se autovalorize em função mais da realização e da satisfação pessoais que dos resultados externos, construindo, dessa forma, uma imagem positiva de si mesmo. O trabalho psicopedagógico de intervenção proposto por Paín (2007) envolve a organização prévia de uma tarefa, a graduação desta, a informação, as indicações – nas quais há assinalamentos e interpretações –, a autoavaliação e a historicidade.

A **organização prévia de uma tarefa** refere-se à apresentação, em cada sessão, de uma tarefa ao sujeito e dos materiais necessários para a execução desta, como desenhos e desafios escritos. Concluída a atividade, o material decorrente desse processo é arquivado numa pasta ou caixa para posterior utilização, revisão ou análise. A guarda desses registros é fundamental para que o indivíduo perceba que o conhecimento lhe pertence; cabe ao psicopedagogo acompanhar e orientar o processo, bem como informar o sujeito sobre o andamento deste.

A **graduação da tarefa** concerne à adequação desta às possibilidades da pessoa em termos de estrutura cognitiva, estratégias de ação, conhecimentos prévios, interesses e características. Logo, a dificuldade dos exercícios deve elevar-se gradualmente, a fim de que o indivíduo os vivencie como desafios e seja capaz de fazê-los e de superá-los com autonomia, assimilando, por conseguinte, conhecimentos novos. Nessa direção, a **informação** é o que o psicopedagogo oferece ao sujeito para que ele possa operar utilizando suas estruturas cognitivas.

A **indicação** refere-se à descrição verbal das ações necessárias para a execução da tarefa e suas relações, propiciando que o sujeito a finalize adequadamente. Pode requerer também o **assinalamento** – ação que modifica um comportamento, mas só ocasiona alterações permanentes por meio da interação – e/ou a **interpretação** – trabalho com signos executado pelo psicopedagogo e que evidencia pontos obscuros para o indivíduo, viabilizando, assim, a continuidade da intervenção.

A **autoavaliação** remete ao fato de que toda tarefa tem uma finalidade específica, que deve ser claramente informada, o que possibilita a autoavaliação. Quando o sujeito está ciente do objetivo da tarefa, pode avaliar o que aprendeu, o que não aprendeu e o que precisa retomar, encontrando satisfação no processo de aprender, e não no produto final deste. Desse modo, quanto mais independente o sujeito se torna, mais a autoavaliação deixa de ser importante.

Por fim, a **historicidade** diz respeito ao percurso do tratamento psicopedagógico do sujeito. O resgate da sequência vivenciada durante a intervenção constrói e organiza uma memória desse processo, registrando o que já foi aprendido e relacionando as experiências passadas, as presentes, as referentes a outros contextos e a história pessoal do indivíduo.

2.2
A visão de Alicia Fernández: psicanálise e epistemologia genética

A também argentina Alicia Fernández (2011), em sua proposta de intervenção psicopedagógica, cujos pilares são a psicanálise e a epistemologia genética, aborda as fraturas presentes no processo de aprendizagem considerando três dimensões: o corpo, a inteligência e o desejo. Para atendê-las, nessa vertente, o trabalho de intervenção é conduzido por uma equipe multidisciplinar (Souza, 2013).

Segundo Fernández (2001), a dificuldade de aprendizagem é um enigma a ser decifrado e, para isso, o psicopedagogo precisa examinar a articulação entre diversos fatores (conteúdos, operações cognitivas, aspectos orgânicos, aspectos emocionais, sociais e culturais) e variadas relações (professor, aluno, família, escola, sociedade). Dessa forma, mediante a escuta e o olhar atentos, ferramentas vitais nesse processo, o profissional pode traduzir e entender o que lhe é trazido na intervenção; pode perceber as fraturas presentes no discurso do sujeito, bem como relacioná-las a acontecimentos anteriores, descobrir esquemas de ação subjacentes e provocar sua repetição, a fim de interpretá-los.

A autora, apoiando-se no pediatra e psicanalista britânico Donald Winnicott (Souza, 2013), também propõe o uso do jogo – "hora do jogo psicopedagógico", no qual o espaço para jogar é reflexo do espaço para aprender. Assim, analisando-se o modo como a criança brinca, é possível compreender como aprende, observar suas modalidades de aprendizagem e planejar as intervenções.

2.3
A abordagem de Vinh-Bang: níveis individual, coletivo e escolar

Conforme Souza (2013), o psicólogo vietnamita Vinh-Bang baseia-se no método clínico piagetiano para desenvolver a intervenção em três níveis: individual, coletivo e escolar.

No **nível individual**, o trabalho psicopedagógico busca preencher lacunas e corrigir atrasos apresentados pelo sujeito no atendimento clínico individual; no **nível coletivo**, procura contemplar elementos negligenciados ao longo da aprendizagem anterior entre um grupo de alunos (atendimento em grupos); e, no **nível escolar**, objetiva reduzir a desadaptação, atuando no espaço escolar (institucional), especificamente nos processos de ensino e aprendizagem.

Nessa perspectiva, a intervenção efetiva-se por meio das produções dos sujeitos, da busca por compreender sua construção, e não o produto final em si. Observam-se, então, o sucesso e o fracasso, assim como os acertos e os erros, e recupera-se o contexto de formulação das respostas, com o intuito de compreender como os erros foram produzidos; isso permite que se tome consciência dos fatores que acarretaram o consequente fracasso e a não aprendizagem.

De acordo com Souza (2013), na concepção de Vinh-Bang, as respostas do sujeito são significativas, visto que são fornecidas conforme os questionamentos feitos, resultantes de um processo de pensamento e reflexo do estilo, da estrutura e do estado do conhecimento. Analisá-las propicia, portanto, o entendimento da natureza do erro (coletivo ou individual) e do conteúdo (específico ou amplo – conjunto de conteúdos).

Os erros evidenciam, assim, que estratégias, esquemas de ação e pensamentos necessitam ser alterados, o que ajuda o sujeito a entender que os procedimentos anteriormente aplicados ocasionaram erros e a elaborar novos procedimentos para superá-los. Seu reconhecimento acontece mediante o exame do objetivo da tarefa e da pergunta, a compreensão do sentido desta e a reconfiguração dos mecanismos que direcionaram a resposta – isso viabiliza a análise e a identificação dos procedimentos empregados no contexto escolar, no qual as dificuldades de aprendizagem se manifestam.

Tendo em vista o exposto, durante a intervenção, o psicopedagogo cria situações que estimulam o sujeito a agir mentalmente, de forma estruturante. Essas ações, então, integram-se em um sistema de coordenação e de composição operatória, no qual se criam situações, tarefas e atividades que provocam erros específicos e esperados e, por conseguinte, levam o sujeito a, por meio da mediação do profissional, efetuar um processo corretor (Vinh-Bang, 1990).

2.4
A proposta de Lino de Macedo: uma visão construtivista com jogos de regras

O teórico brasileiro Lino de Macedo (1995), também alicerçado na epistemologia genética de Piaget, concebe a intervenção psicopedagógica sob um viés construtivista, entendendo que esta cria condições para que o sujeito possa e deseje estabelecer, de modo operatório formal[1], relações com o meio e o conhecimento.

Para isso, segundo Lopes (2004), Macedo propõe a utilização de jogos de regras nas intervenções, pois traçam limites dentro dos quais as situações-problema – de acordo com o autor, responsáveis por causar a desequilibração que compele o sujeito a buscar respostas, desenvolver estratégias para resolver tais problemas e, assim, retomar a equilibração – são

• • • • •
1 O estágio operatório formal é caracterizado pelo pensamento lógico e abstrato, pelo raciocínio hipotético-dedutivo, livre das limitações da realidade concreta (Davis; Oliveira, 2010).

apresentadas e seus resultados, considerados, permitindo, por conseguinte, a revisão de procedimentos e ações.

Em outras palavras, durante as situações de jogo, é possível analisar os erros – que resultam de interpretações do sujeito acerca de suas ações e do objeto no qual elas recaem – e as condutas que os provocaram e reformulá-las para vencer o jogo, cumprir tarefas e superar os desafios fixados.

Tal recurso é empregado de forma operatória. O psicopedagogo apresenta as atividades e intermedeia o processo (questiona, argumenta, incentiva ações etc.), propiciando o reconhecimento de limitações e possibilidades dos sujeitos, a detecção de erros e a compreensão de suas consequências. Ainda, com essa estratégia de intervenção, previne dificuldades de aprendizagem e, quando já instaladas, possibilita sua correção. Esse profissional também promove a aprendizagem do jogo, o conhecimento das peças, a vivência da ação de jogar e a elaboração de novas formas de realizá-la, problematizando e analisando as situações de jogo e sua representação gráfica (Brenelli, 1996).

No trabalho com jogos, as ações executadas pelo sujeito na busca por conhecimento estimulam a construção de estruturas de pensamento mais elaboradas. Como afirma Grassi (2013a), ações de exploração, manipulação e movimentação, inicialmente psicomotoras, progressivamente se tornam ações acompanhadas pelo pensamento, em que há planejamento e intencionalidade.

Nessa dinâmica mediada de experienciar e problematizar os jogos de regras, o indivíduo aprende a respeito de si, dos outros, de suas dificuldades e de suas habilidades. Identifica e entende sua forma de pensar, seus esquemas de ação, seus sentimentos e seus conflitos. Aprende, ainda, sobre a vida escolar (e seus conteúdos) e cotidiana, experimentando, criando, errando e arriscando-se ludicamente.

A seleção dos jogos de regras e/ou dos desafios escritos – classificados, respectivamente, como jogos de estratégia e jogos de desafio –, nos quais estão presentes, mesmo que indiretamente, conteúdos escolares, principalmente de matemática e língua portuguesa, é feita levando-se em conta aspectos particulares do sujeito ou do grupo.

Os **jogos de estratégia** correspondem aos jogos de tabuleiro ou de mesa, reconhecidos por fomentar a competitividade e por permitir a realização de diversas partidas. Tais atividades têm múltiplas formas de progressão e configuração; podem ser individuais, para duplas ou para grupos e podem depender da sorte, do domínio de conhecimentos gerais ou específicos ou da definição de táticas.

Os **jogos de desafio** apresentam-se na forma de situações-problema, geralmente escritas, mas também podem ser orais ou gestuais, cuja resolução (alguns desafios, aliás, têm mais de uma) exige procedimentos como análise, síntese, reflexão, discussão, comparação, formulação de hipóteses e aplicação de estratégias. Esses desafios podem ser transpostos por todo o grupo, por subgrupos, por duplas ou individualmente.

Grassi (2013a) ressalta que os desafios individuais permitem ao mediador observar, analisar e fazer intervenções pontuais relacionadas às dificuldades que o sujeito encontrou na execução da tarefa e às funções psicológicas superiores requeridas para tal, assim como intervenções referentes ao domínio de conteúdos escolares, da leitura, da escrita, da compreensão de textos e enunciados e, ainda, à capacidade de operar com numerais ao calcular, raciocinando de modo lógico, classificando, seriando e conservando.

Quanto aos desafios coletivos, a autora afirma que as interações propiciam mediações também por parte dos componentes do grupo, e não só por parte do profissional, uma vez que, durante a realização da tarefa, há o compartilhamento de conhecimentos, o planejamento de estratégias, a discussão de alternativas e a possibilidade de refazer os percursos para concluir o desafio.

2.5
A concepção de Jorge Visca: o processo corretor

O argentino Jorge Visca, na epistemologia convergente, chama a intervenção psicopedagógica de "processo corretor", isto é, "um conjunto de operações clínicas por meio do qual se facilitam o aparecimento e a estabilização de condutas" (Visca, 2010, p. 115).

Nesse processo, empregam-se instrumentos materiais (recursos objetivos) e verbais e/ou corporais (recursos subjetivos), a fim de que, ao tomar consciência da pertinência ou não de suas ações, desequilibrando-se em consequência disso, o sujeito busque reequilibrar-se e, com isso, consolide a aprendizagem, alcançando um novo estágio de equilibração.

Você pode estar se perguntando o que são esses recursos subjetivos. São formas de o psicopedagogo intervir verbal e/ou corporalmente durante as sessões e no momento de execução das atividades ou tarefas pelo aprendente (por exemplo, fala, expressão facial, expressão corporal e gestos).

Entre os recursos subjetivos definidos por Visca (2010) estão a mudança de situação, a informação, a informação com redundância, a mostra, o modelo de alternativas múltiplas, o acréscimo de modelo, o assinalamento, a explicação intrapsíquica, a interpretação e o desempenho de papéis. A esses itens Barbosa (2006) acrescenta outras três possibilidades, chamadas pela autora de "destaque do comportamento", "vivência do conflito" e "problematização".

2.5.1
Os recursos subjetivos de intervenção apresentados por Visca

Os recursos subjetivos podem ser aplicados em qualquer proposta de intervenção e com qualquer instrumento e, para Visca (2010), estimulam a reorganização da personalidade do aprendiz por meio de uma mudança em seu entorno. A seguir, apresentaremos tais ferramentas com base nas explicações do próprio autor.

- **Mudança de situação:** é a modificação de uma constante do enquadramento (tempo de duração, horário, frequência etc.), o que quebra uma rotina já instalada. A percepção dessa mudança pode levar o aprendiz à reflexão e ao encontro de alternativas para superar suas dificuldades e modificar seus hábitos e suas condutas. Por exemplo, uma criança ansiosa, que chegava ao consultório antes do horário e tocava insistentemente a campainha, foi surpreendida pela abertura da porta pelo psicopedagogo antes de ter tempo de tocá-la. Algumas sessões depois, comentou que tocar a campainha possivelmente atrapalhava os encontros ali organizados e que a abertura da porta fora do tempo previsto a fez perceber que fazia isso apenas para incomodar.

- **Informação**: é um recurso verbal que indica ao aprendiz onde ele pode encontrar auxílio para resolver tarefas ou questões; porém, não lhe apresenta respostas, somente o incentiva a procurá-las. Por exemplo, uma menina disse ao psicopedagogo que ela estava estudando a vinda da família real portuguesa ao Brasil. Mencionou não saber onde fica Portugal e, logo após, perguntou-lhe: "Onde fica?". O psicopedagogo respondeu: "Você pode pesquisar na internet, olhar no mapa ou consultar os livros de geografia ou de história que ficam no armário aqui da sala". Algumas sessões depois, a mesma menina disse: "Vou pegar o dicionário na estante e procurar o significado da palavra *agregado*, pois não lembro o que significa"; e foi o que fez.
- **Informação com redundância**: é o complemento da informação, ou seja, gestos incisivos, entonação especial e/ou repetição de palavras que a reforcem e facilitem sua compreensão. No exemplo do item anterior, o psicopedagogo apontou para o mapa no fundo da sala e aproximou-se do armário onde estavam os livros, reiterando

sua orientação inicial, a fim de que a menina pudesse entender melhor a informação.
- **Mostra:** é uma intervenção não verbal por meio de gestos e ações. Assim, o psicopedagogo mostra ao aprendiz algo sobre a tarefa e suas estratégias, mas sem falar. Por exemplo, Eduardo fez uma pintura com tinta guache: colocou o pincel no pote de tinta amarela, depois no de tinta preta e, por fim, no de tinta branca. Diante dessa situação, o psicopedagogo também pegou um pincel, no entanto seguiu uma dinâmica diferente: colocou o pincel na tinta amarela, limpou-o num pote de água, enxugou-o com uma toalha de papel e, em seguida, colocou-o na tinta preta, repetindo essa ação para que o aprendiz notasse que o pincel limpo não suja as tintas, não comprometendo, portanto, o resultado da pintura.
- **Modelo de alternativas múltiplas:** é uma forma de intervenção que oferece ao sujeito um leque de alternativas de ação diferentes em situações de dependência ou de paralisação, ampliando possibilidades operativas e de escolhas e, por consequência, desenvolvendo progressivamente a autonomia do aprendiz. Por exemplo, Paula estava parada diante de sua caixa de trabalho; apenas a olhava, sem dela retirar nenhum material. Falou ao psicopedagogo: "Não sei o que fazer". E ele respondeu: "Você pode escrever, desenhar, jogar, pintar, ler ou fazer o que desejar com seus materiais". A menina, então, escolheu potes com tinta, pincel e folhas de papel sulfite e iniciou uma pintura.

- **Acréscimo de modelo**: tem por função ampliar os modelos de ação do sujeito acrescentando elementos novos a itens já conhecidos e utilizados. Para ilustrar esse recurso, é possível citar um exemplo de Visca (2010): uma criança desenha um carro sem rodas e é questionada pelo psicopedagogo: "Como seu carro se move?". Ao ouvir essa dúvida, ela pode desenhar as rodas, responder que "ele se move andando" ou não responder, dependendo de sua estrutura cognitiva naquele momento, que pode mudar com a percepção da ausência de rodas e a problematização do profissional.
- **Assinalamento** e **interpretação**: referem-se à comunicação incompleta e à comunicação completa a respeito de um comportamento. No assinalamento, verbaliza-se parte dos elementos de um segmento da conduta; já na interpretação, verbaliza-se um segmento da conduta com base na análise de todos os seus elementos. Para compreender essa diferença sutil entre assinalamento e interpretação, recorramos novamente a um exemplo de Visca (2010): uma paciente adiou a realização da tarefa de escrever nas sessões para conversar ou fazer outra coisa. Ciente disso, o psicopedagogo fez o assinalamento: perguntou se ela percebeu o que fez e como atrasou a conclusão da atividade. Ela, por sua vez, se propôs a prestar atenção nisso. Após várias sessões e tarefas, o psicopedagogo apresentou a interpretação: mencionou o provável medo que a paciente tinha de escrever, de fazê-lo bem e de receber críticas; além disso, enfatizou que ela era exigente demais e, por isso, fugia da tarefa, não a desenvolvia.

- **Explicação intrapsíquica:** é uma descrição, evidenciação e explicação dos sentimentos do sujeito por intermédio da fala e diante das tarefas propostas. Por exemplo, Mariana rasgou a folha em que havia feito um desenho. O psicopedagogo disse-lhe que ela estava brava, pois não gostara do resultado final de seu desenho. A menina, por seu turno, respondeu que ele estava feio e que, de fato, não tinha gostado dele; ela, então, pegou outra folha e criou um novo desenho.
- **Desempenho de papéis:** é uma mudança de papéis, isto é, o aprendiz coloca-se no lugar de outro (objeto, pessoa, animal ou situação) e traz para o presente suas vivências do passado ou situações do futuro. Essa modalidade possibilita a revisão, a preparação, a elaboração, o exercício, a construção, a expressão de sentimentos e a ampliação da identidade. Considere este exemplo: em uma sessão, Luciano falou sobre o trabalho de seu pai, que é professor de Matemática, disciplina em que ele tem muitas dificuldades. Contou, ainda, que sua professora de Matemática é bastante exigente. O psicopedagogo sugeriu, assim, que dramatizassem esta situação: Luciano interpretaria o professor de Matemática e ensinaria o psicopedagogo a resolver operações de adição. Durante a atividade, o referido profissional teve a oportunidade de realizar as intervenções necessárias.

2.5.2
Os recursos de intervenção apresentados por Laura Monte Serrat Barbosa

Como sinalizamos, a brasileira Laura Monte Serrat Barbosa[2] (2006) completou a lista de recursos de intervenção proposta por Visca acrescentando o destaque do comportamento, a vivência do conflito/a proposição do conflito e a problematização, que explicaremos adiante.

- **Destaque do comportamento**: o psicopedagogo aborda o comportamento atual como resultante de um processo evolutivo do aprendiz. Por exemplo, no início da intervenção, Júlia aterrorizava a todos na sala de espera enquanto aguardava seu atendimento. Agora, permanece sentada, desenhando ou montando quebra-cabeças. O psicopedagogo destacou verbalmente seu comportamento atual, lembrando-lhe como era antes e o quanto evoluiu positivamente.
- **Proposição do conflito**: o psicopedagogo é quem o indica ao sujeito, deixando a resolução sob sua responsabilidade, dizendo-lhe para fazer como quiser, para tentar novas alternativas. Por exemplo, o psicopedagogo apresenta ao aprendiz um *tangram* e permite que experimente o material.

• • • • •
2   Laura Monte Serrat Barbosa, psicopedagoga paranaense, foi aluna de Visca e, baseando-se na epistemologia convergente, desenvolveu sua prática psicopedagógica exercendo uma atitude educativa por meio do projeto de aprender.

- **Vivência do conflito:** o psicopedagogo propicia ao aprendiz a possibilidade de experienciar determinada situação, sem intervir de imediato, mesmo percebendo a ansiedade dele, para que tal sujeito procure soluções sozinho. Deixa, por exemplo, o indivíduo explorar a embalagem do *tangram*, caso em que talvez encontre, sem qualquer auxílio, o folheto com os modelos possíveis para a montagem.
- **Problematização:** o psicopedagogo formula e apresenta ao sujeito uma questão relacionada às ações e às situações vivenciadas no processo corretor, levando-o a pensar sobre ela. Pode também devolver-lhe uma pergunta para que ele reflita a respeito dela e a responda. Por exemplo: "Você olhou na embalagem?", "Leu as instruções?", "Observou os desenhos?", "O que você faria nesse caso?", "Por que você perdeu?", "O que poderia fazer para ganhar?".

Síntese

Apresentamos, neste capítulo, algumas abordagens que fundamentam a práxis psicopedagógica na intervenção clínica.

Mostramos que as concepções de Sara Paín e de Alicia Fernández fundamentam-se na psicanálise e na epistemologia genética e concebem as dificuldades de aprendizagem como sintomas a desvelar. Além disso, vimos que Lino de Macedo e Vinh-Bang, pesquisadores construtivistas cujo trabalho apoia-se na epistemologia genética, destacam a importância da tomada de consciência do erro e da problematização no trabalho de intervenção. Macedo enfatiza, sobretudo, o uso do jogo de regras nesse processo, importante recurso que auxilia no desenvolvimento de estruturas de pensamento mais complexas, propiciando a construção de conhecimentos e, portanto, a aprendizagem.

Examinamos também a abordagem de Jorge Visca – a epistemologia convergente, em que se associam conhecimentos da psicanálise de Freud, da epistemologia genética de Piaget e da psicologia social de Pichon-Rivière. O psicólogo argentino chamou a intervenção de "processo corretor", no qual, por meio de recursos objetivos e subjetivos, é feita a mediação.

Encerramos o capítulo caracterizando os recursos subjetivos, que são utilizados para provocar desequilibração, estimulando ou desafiando o sujeito a alcançar um novo estado de equilibração. Entre esses recursos, encontram-se os verbais e os corporais: a mudança de situação, a informação, a informação com redundância, a mostra, o modelo de alternativas múltiplas, o acréscimo de modelo, o assinalamento, a explicação intrapsíquica, a interpretação e o desempenho de papéis. Essa lista foi, conforme mostramos por fim, completada por Laura Monte Serrat Barbosa, que a ela acrescentou o destaque do comportamento, a vivência do conflito/a proposição do conflito e a problematização.

Indicações culturais

Livros

FERNÁNDEZ, A. **Os idiomas do aprendente**: análise das modalidades ensinantes com famílias, escolas e meios de comunicação. Tradução de Neusa Kern Hickel e Regina Orgler Sordi. Porto Alegre: Artmed, 2001.
Nessa obra, a autora convida à reflexão sobre a relação entre aprendentes e ensinantes.

MACEDO, L. de; PETTY, A. L. S.; PASSOS, N. C. **Aprender com jogos e situações-problema.** Porto Alegre: Artmed, 2000.

Os autores apresentam a intervenção com jogos de regras, destacando-os como recursos para a aprendizagem e para a superação de suas dificuldades.

PAÍN, S. **Diagnóstico e tratamento dos problemas de aprendizagem.** Tradução de Ana Maria Netto Machado. Porto Alegre: Artmed, 2007.

Essa é uma obra fundamental para aprofundar os conhecimentos acerca da concepção de intervenção de Sara Paín.

VISCA, J. **Clínica psicopedagógica**: epistemologia convergente. Tradução de Laura Monte Serrat Barbosa. 2 ed. rev. e ampl. São José dos Campos: Pulso, 2010.

Nesse livro, há uma descrição detalhada do processo corretor, com destaque especial para os recursos subjetivos de intervenção.

Atividades de autoavaliação

1. O processo corretor é definido por Jorge Visca (2010, p. 115) como "um conjunto de operações clínicas por meio do qual se facilitam o aparecimento e a estabilização de condutas". Os recursos empregados nesse processo são verbais e/ou corporais e têm a função de levar o sujeito a tomar consciência da pertinência ou não de suas ações, o que provoca desajustes que o mobilizam para alcançar um novo estado de equilíbrio e, com isso, a aprendizagem.

A seguir, relacione cada recurso de intervenção à respectiva definição.

1) Mudança de situação
2) Informação com redundância
3) Modelo de alternativas múltiplas
4) Destaque do comportamento
5) Acréscimo de modelo

( ) Trata-se da modificação de uma constante do enquadramento (tempo, horário, frequência, material), o que quebra uma rotina já instalada. A percepção dessa mudança pode levar o aprendiz à reflexão e ao encontro de alternativas para superar suas dificuldades e modificar seus hábitos e suas condutas.

( ) É um recurso verbal em que se aborda o comportamento atual do aprendiz como resultado de um processo evolutivo, destacando-se como tal sujeito era, sua evolução positiva e como está atualmente.

( ) Objetiva ampliar os modelos de ação do sujeito por meio do acréscimo de elementos novos a elementos já conhecidos e utilizados por ele.

( ) Consiste na enumeração de alternativas de ação que o sujeito pode executar, o que amplia suas possibilidades; é um desencadeante para as ações do sujeito diante de momentos em que não sabe o que fazer.

( ) É um recurso que indica ao aprendiz, verbalmente, onde ele pode encontrar auxílio para resolver tarefas ou questões, estimulando-o a procurá-las; essa indicação é acompanhada por entonação especial, repetição de palavras e/ou gestos incisivos, o que reforça e facilita sua compreensão.

Agora, marque a alternativa que apresenta a sequência correta:

a) 1, 4, 5, 3, 2.
b) 3, 1, 2, 4, 5.
c) 5, 2, 3, 4, 1.
d) 4, 5, 2, 1, 3.
e) 2, 3, 1, 5, 4.

2. O trabalho psicopedagógico de intervenção fundamenta-se em visões/concepções de diferentes autores. Entre eles, destacam-se Vinh-Bang, Alicia Fernández, Lino de Macedo, Jorge Visca e Sara Paín.

A seguir, relacione cada um desses autores às características de suas perspectivas teóricas.

1) Alicia Fernández
2) Vinh-Bang
3) Lino de Macedo
4) Sara Paín
5) Jorge Visca

( ) Propõe a utilização de jogos de regras na intervenção, destacando que estes apresentam limites dentro dos quais as situações-problema são apresentadas e os resultados, considerados, levando à revisão de procedimentos e ações.

( ) Denomina a intervenção psicopedagógica de "processo corretor", em que são empregados recursos objetivos e recursos subjetivos com o fim de ocasionar desequilíbrios no sujeito que o mobilizem para alcançar a equilibração e, com isso, a aprendizagem.

( ) Na intervenção, criam-se situações em que o sujeito é estimulado a agir mentalmente e de modo estruturante. As situações, as atividades e as tarefas provocam, assim, erros específicos e esperados. Isso leva o sujeito a, por meio da mediação do profissional, tomar consciência do erro e dos procedimentos que o acarretaram, desenvolvendo, desse modo, um processo corretor.

( ) A intervenção psicopedagógica é sintomática, pois considera que o sujeito não pode integrar os objetos do conhecimento; é urgente e situacional, posto que se baseia no que ocorre durante as sessões; e é, também, operativa, uma vez que acontece mediante a realização de uma tarefa com base em instruções e orientações.

( ) Destaca que o olhar e a escuta são instrumentos fundamentais na intervenção, pois permitem a percepção das fraturas presentes no discurso do sujeito, relacionando-as aos acontecimentos que as antecederam; além disso, possibilitam descobrir os esquemas de ação subjacentes, repeti-los e interpretá-los.

Agora, marque a alternativa que apresenta a sequência correta:

a) 1, 3, 2, 5, 4.
b) 2, 4, 1, 3, 5.
c) 3, 5, 2, 4, 1.
d) 4, 1, 5, 3, 2.
e) 5, 2, 4, 1, 3.

3. Assinale a alternativa que apresenta os aspectos do tratamento psicopedagógico de acordo com Sara Paín:
   a) O tratamento psicopedagógico é urgente, emergencial e situacional.
   b) O tratamento psicopedagógico é direto, sintomático e operatório.
   c) O tratamento psicopedagógico é objetivo, subjetivo e operativo
   d) O tratamento psicopedagógico é sintomático, situacional e operativo.
   e) O tratamento psicopedagógico é objetivo, subjetivo e organizativo.

4. Relacione cada elemento que integra o desenvolvimento do trabalho psicopedagógico de intervenção proposto por Sara Paín (2007) à respectiva descrição.
   1) Organização prévia da tarefa
   2) Graduação
   3) Historicidade
   4) Informação
   5) Indicação

   ( ) Refere-se à adequação da tarefa às possibilidades do sujeito em termos de estrutura cognitiva, estratégias de ação, conhecimentos prévios, interesses e características.
   ( ) Precisa ser dada ao sujeito para que ele possa operar utilizando suas estruturas cognitivas.
   ( ) Consiste no resgate da sequência vivenciada durante a intervenção, que constrói e organiza uma memória desse processo (aprendizados consolidados e a

relação entre experiências do passado, do presente e de outros contextos e a história pessoal do sujeito).
( ) Corresponde à parte da ação psicopedagógica que possibilita ao sujeito que a recebe resolver a tarefa.
( ) É a apresentação ao sujeito, a cada sessão, da tarefa e dos materiais necessários à execução desta.

Agora, marque a alternativa que apresenta a sequência correta:

a) 3, 1, 4, 2, 5.
b) 1, 3, 5, 4, 2.
c) 5, 2, 1, 3, 4.
d) 4, 5, 2, 1, 3.
e) 2, 4, 3, 5, 1.

5. Marque V (verdadeiro) ou F (falso) em relação às características da abordagem de intervenção proposta por Alicia Fernández.
( ) Fundamentando-se na psicanálise e na epistemologia genética, aborda as fraturas presentes no processo de aprendizagem considerando três dimensões: o corpo, a inteligência e o desejo.
( ) O psicopedagogo tem um olhar clínico e uma escuta que traduzem/interpretam o que é trazido pelo sujeito na intervenção.
( ) Propõe a utilização dos jogos de regras, pois estes apresentam limites dentro dos quais as situações-problema são apresentadas e os resultados, considerados, possibilitando a revisão de procedimentos e ações.

( ) Propõe a intervenção em três níveis: individual, em que se busca preencher lacunas e corrigir os atrasos apresentados pelo sujeito; coletivo, em que se procura dar conta de elementos que foram negligenciados ao longo do processo de aprendizagem; e escolar, em que se objetiva reduzir a desadaptação escolar.

( ) Observam-se o sucesso e o fracasso, os acertos e os erros, reconstruindo-se o processo de formulação de respostas para compreender como os erros foram produzidos.

Agora, marque a alternativa que apresenta a sequência correta:

a) V, V, F, F, F.
b) F, V, F, V, F.
c) F, F, V, V, V.
d) V, F, V, F, F.
e) F, V, V, F, V.

Atividades de aprendizagem

Questões para reflexão

1. Entreviste professores de ensino fundamental a respeito do "erro": Como entendem o erro no processo de aprendizagem? Como trabalham com ele? Quais estratégias utilizam para evitá-lo? Em seguida, reflita sobre a sua concepção de erro e a presença dele em sua vida escolar, profissional e pessoal. Por fim, registre as informações coletadas, compare a perspectiva dos professores e a sua

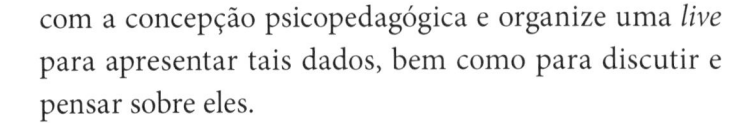

com a concepção psicopedagógica e organize uma *live* para apresentar tais dados, bem como para discutir e pensar sobre eles.

2. Pesquise sobre os jogos de intervenção e registre as principais ideias a eles referentes. Em seguida, redija um texto em que você reflita sobre a utilização desses recursos, focalizando um de sua escolha e contemplando os seguintes aspectos: de que modo você os aplicaria, conforme a visão de Lino de Macedo em sua proposta, com quais objetivos e o que os sujeitos poderiam aprender com eles.

Atividades aplicadas: prática

1. Munido de um roteiro previamente definido, entreviste um profissional de psicopedagogia quanto à abordagem que ele adota na intervenção psicopedagógica clínica e à teoria que fundamenta sua práxis. Registre as respostas obtidas, analise-as e discuta-as com seus colegas em um fórum ou grupo de estudos.

2. Releia a Seção 2.5.1 e, para aprofundar seus conhecimentos, pesquise sobre os recursos de intervenção nela apresentados e/ou leia o livro em que Jorge Visca os examina. Por fim, elabore situações hipotéticas que exemplifiquem o emprego de cada uma dessas ferramentas.

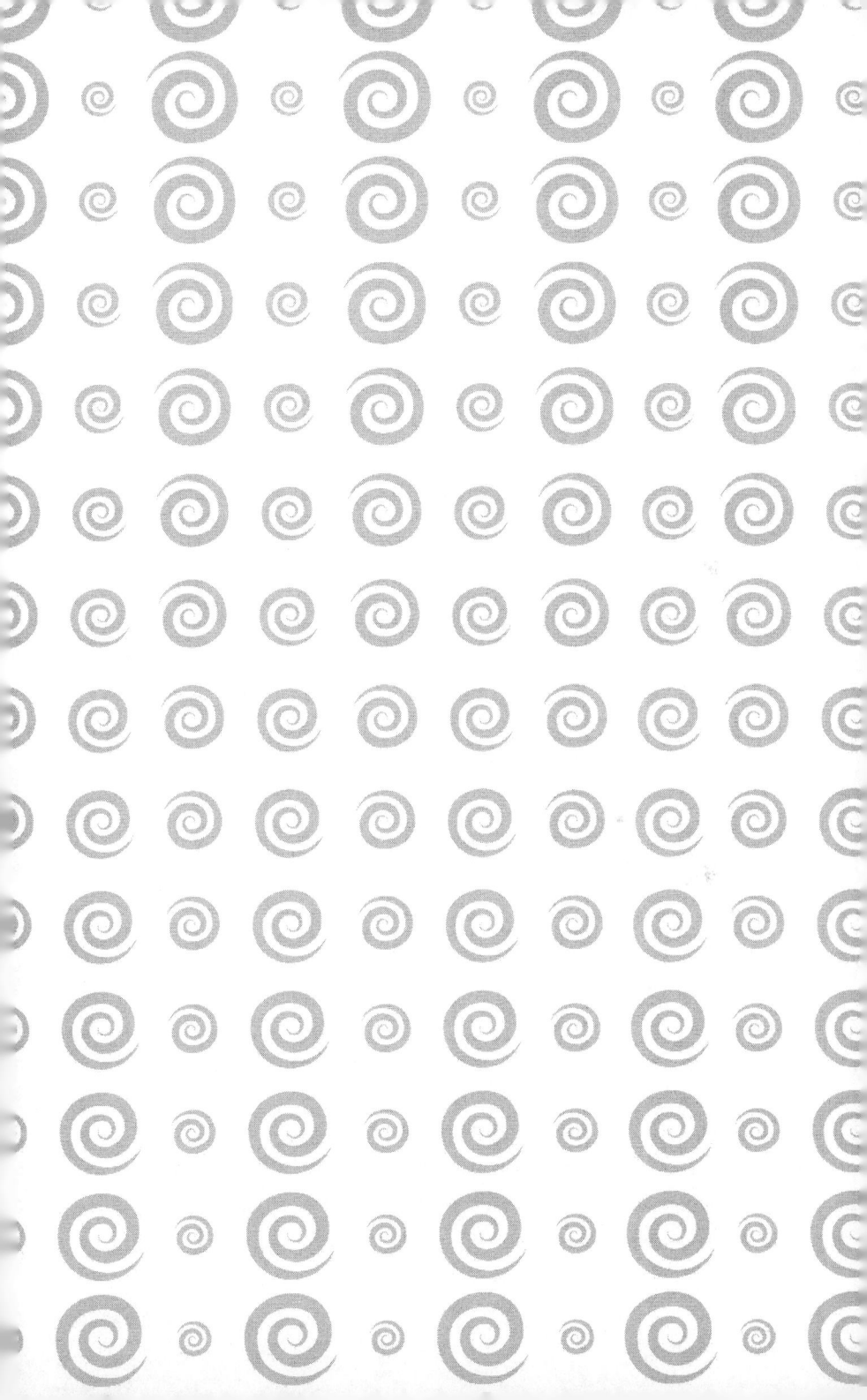

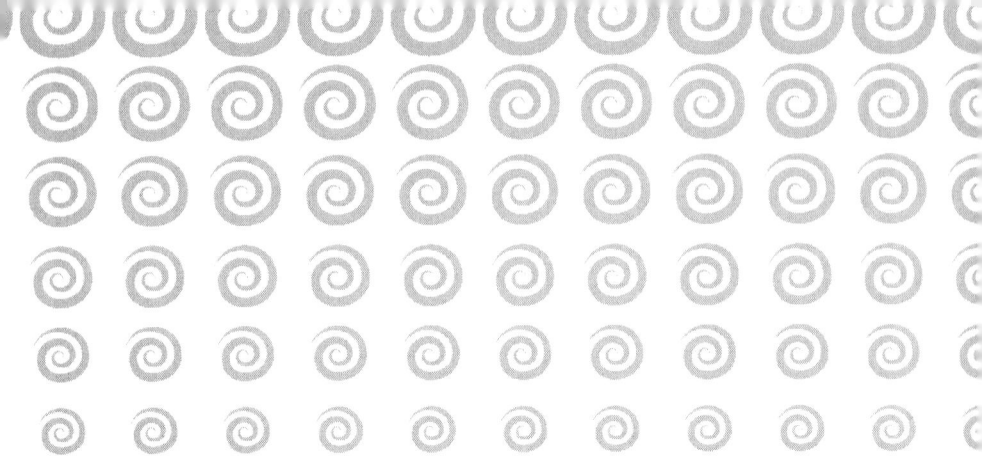

3
A organização do trabalho psicopedagógico clínico: recursos e instrumentos de intervenção

No processo de intervenção psicopedagógica, também denominado de "processo corretor" por Visca (2010), utilizam-se recursos objetivos, além dos subjetivos vistos no capítulo anterior; trata-se de elementos intermediários que auxiliam no desenvolvimento e na consolidação do processo de intervenção, funcionando como disparadores, continentes, mobilizadores, organizadores, construtores, desencadeadores, enfim, possibilitadores de aprendizagem.

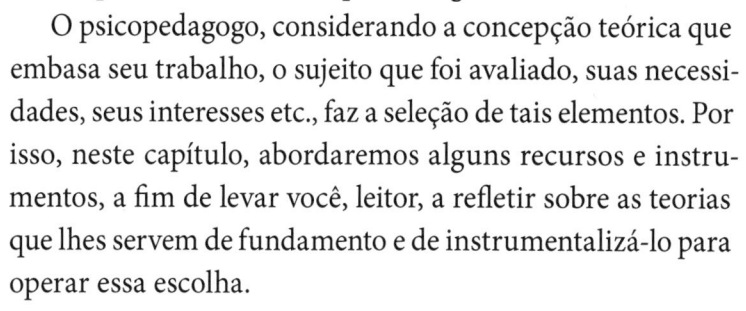

O psicopedagogo, considerando a concepção teórica que embasa seu trabalho, o sujeito que foi avaliado, suas necessidades, seus interesses etc., faz a seleção de tais elementos. Por isso, neste capítulo, abordaremos alguns recursos e instrumentos, a fim de levar você, leitor, a refletir sobre as teorias que lhes servem de fundamento e de instrumentalizá-lo para operar essa escolha.

3.1
A caixa de trabalho

A caixa de trabalho, criação de Jorge Visca (2010), é uma das constantes do enquadramento, e seu uso pressupõe embasar-se na epistemologia convergente e compreender os aspectos teóricos dessa vertente.

Conforme o referido autor, a caixa de trabalho é um continente no qual o aprendiz coloca seus conteúdos concernentes ao "saber" e ao "não saber". É única, tanto pelo fato de ser utilizada apenas por um aprendiz ou por um grupo de aprendizes (em atendimentos grupais) quanto pela necessidade de seus componentes serem direcionados especificamente a esse sujeito/grupo. Tais componentes são selecionados previamente com base no diagnóstico obtido, que considera, como antes explicamos, as dificuldades e os modos de aprendizagem, a faixa etária, o nível social e cultural, os interesses, as necessidades, o prognóstico, o nível de pensamento e os vínculos afetivos desse(s) sujeito(s).

Como representa o mundo interno do indivíduo, a caixa de trabalho deve ser manipulada apenas por ele, que precisa ter a certeza de que ela não será invadida ou utilizada por outras pessoas e de que nada será acrescentado ou retirado dela, inclusive pelo psicopedagogo. Essas adições ou subtrações, porém, podem ocorrer em dois casos: reposição de materiais que acabaram e pactos com o paciente. Pode-se, até mesmo, fechar a caixa com um cadeado; contudo, como a confiança deve ser dada pela palavra empenhada nos acordos feitos, raramente aprendizes solicitam tal selamento.

Em seu interior, estão depositados os conhecimentos, os medos, as habilidades, as dificuldades, os sentimentos, as angústias, entre outros aspectos dessa pessoa, simbolizados pelos objetos contidos na caixa, os quais auxiliam no desenvolvimento do processo corretor, ou seja, da intervenção psicopedagógica, e possibilitam a vivência do processo de aprendizagem.

Essa caixa pode ser de papelão – o tipo a que recorremos em nossa prática –, de madeira (MDF) ou de plástico não transparente e com tampa (um organizador). Em lugar de caixas, alguns profissionais lançam mão de pastas de uso individual com tamanho suficiente para acomodar os materiais e as produções dos sujeitos.

É possível encontrar na caixa instrumentos como tesoura, lápis grafite, lápis de cor, borracha, apontador, régua, canetas esferográficas, canetas hidrográficas, pincel, giz de cera, folhas de papel sulfite etc.; **material estruturado**, como jogos, livros, revistas e gibis; **material não estruturado**, como argila, massa de modelar e tinta; e **material semiestruturado**, como sucata, cubos de encaixe e miniaturas.

Devem ser inseridos na caixa materiais relacionados à idade do sujeito, como um jogo e um livro que atendam aos interesses da faixa etária; ao nível atual de desenvolvimento dele; ao nível futuro, que configura um desafio; e aos níveis já alcançados e superados, que oferecem apoio e segurança.

Quando há o predomínio da assimilação, o psicopedagogo deve escolher um material semiestruturado e mais materiais estruturados. Caso coloque muitos materiais semiestruturados, estes funcionarão como recursos distrativos, afastando o aprendiz da tarefa, dificultando a concentração e a acomodação. Quando há o predomínio da acomodação, a escolha de materiais semiestruturados em maior quantidade é indicada, e um material estruturado e com regras pode servir de ponto de partida.

Visca (2010, p. 47) classifica os materiais – "reativos de conduta" – em "distrativos", "reativos" e "reativos de conduta propriamente ditos". Os **distrativos** são aqueles que afastam o sujeito da tarefa; os **reativos** são os que o afastam do foco de suas necessidades ou desencadeiam resistências à tarefa; e os **reativos de conduta propriamente ditos** são aqueles adequados à intervenção, independentemente de o tratamento ser focalizado (a tarefa faz emergir o déficit) ou não focalizado (não o faz emergir).

A seleção dos materiais deve ser cuidadosa e ceder espaço para as escolhas do sujeito, decorrentes de seus desejos, suas demandas e seus interesses. É importante não encher a caixa de materiais no início da intervenção, ou seja, colocar apenas aqueles essenciais no momento e, depois, pouco a pouco acrescentar outros.

Inicialmente, a caixa de trabalho é composta por itens selecionados pelo profissional. Na primeira sessão, o aprendiz a recebe vazia e sem decoração, com o material em sacolas, o que indica que são novos, sem história. É, então, convidado a organizá-la e personalizá-la livremente, podendo desenhar, pintar, colar adesivos, enfim, decorá-la como quiser.

Da segunda sessão em diante, sobre uma mesa, no chão ou no interior de um armário, mas sempre no mesmo lugar, ela ficará ao alcance do aprendiz, disponibilizando-lhe os mesmos materiais, que poderão ser usados de formas diferentes em cada encontro; assim, passará a fazer parte de sua história, preservando suas produções.

Durante o processo de desligamento, que marca o encerramento da intervenção, o aprendiz e o psicopedagogo discutem o que será feito com ela: se o sujeito a levará consigo, se a deixará no consultório, se ficará com os materiais e as produções, se vai se desfazer das produções ou se deixará com o psicopedagogo os instrumentos e os materiais e levará apenas as produções.

Exemplo prático

A caixa de Giordano, um aprendiz de 9 anos e com dificuldades de lcitura e escrita, foi organizada com lápis grafite, giz de cera, apontador, caderno de desenho, 5 miniaturas de personagens do filme *Toy Story*, um gibi da *Turma da Mônica*, massa de modelar e um dominó de figuras. Também foi decorada com figuras autocolantes de personagens da *Turma da Mônica* escolhidos por Giordano.

Ele chegava às sessões e corria para abrir sua caixa; no final, guardava-a no armário cuidadosamente fechada mas sem cadeado.

Durante a intervenção, que durou 14 meses, alguns materiais foram retirados, e outros, inseridos; essas substituições foram sugeridas e decididas pelo psicopedagogo e pelo aprendiz. Ao final do processo, havia na caixa de Giordano, que estava lendo e escrevendo com maior autonomia, tendo superado suas dificuldades, os seguintes itens: um caderno de caligrafia, borracha, caneta esferográfica azul, lápis de cor, o livro *Diário de um banana*, lápis grafite, apontador, o caderno de desenho completo, tinta guache, dominó de palavras, um dicionário ilustrado, dois gibis clássicos da *Turma da Mônica* e as produções do menino.

Giordano decidiu levar a caixa para casa com parte do material e suas produções, mas deixou os instrumentos (lápis grafite, apontador, borracha, lápis de cor, caneta e tinta guache), dizendo que poderiam ser usados por outra criança ou doados a quem precisasse.

A atuação psicopedagógica com a caixa de trabalho efetiva-se mais na aplicação de recursos subjetivos do que na curadoria de recursos objetivos e atividades. Durante a intervenção, é fundamental observar como o aprendiz se relaciona com sua caixa e suas produções, o que demonstra o vínculo estabelecido com esse material (caixa e produtos) e a aprendizagem, bem como norteia esse processo (Carlberg, 2012). Alguns são descuidados e desleixados em relação à caixa e a seu conteúdo e podem deixá-la aberta ou com a tampa mal encaixada; outros são excessivamente cuidadosos e até possessivos, procuram mantê-la bem fechada e preocupam-se em guardá-la; há aqueles que não a abrem no início ou no decorrer das sessões; há os que vão direto à caixa, a abrem e iniciam as atividades; por fim, há os que vão aproximando-se da caixa progressivamente, até passarem a manuseá-la.

As observações das sessões com a caixa de trabalho precisam ser registradas pelo psicopedagogo para que o processo seja acompanhado e analisado. Para tanto, é necessário definir, no enquadramento, de qual tipo de registro se lançará mão (anotações, fotografias, gravação de áudio e/ou de vídeo) e obter a autorização dos pais/responsáveis pelo paciente.

Calberg (2012) destaca que, na epistemologia convergente, o instrumento utilizado para exame dos dados coletados é o cone invertido[1], desenvolvido por Pichon-Rivière e apresentado por Visca (2010), do qual trataremos no Capítulo 5. Esse cone apresenta seis vetores de análise – pertença, cooperação, pertinência, comunicação, aprendizagem e tele –, por meio dos quais é possível compreender as relações e analisar, a cada sessão ou ao término de um número específico de sessões, a dinâmica[2], a temática[3] e o produto[4].

---

1   Instrumento de análise criado por Enrique Pichon-Rivière e utilizado na epistemologia convergente para avaliar o processo de intervenção. Para conhecê-lo ou aprofundar seus conhecimentos sobre o tema, sugerimos a leitura de Barbosa (2001, p. 162-166).

2   Movimentos, ações, expressões corporais.

3   Verbalizações, expressão verbal oral/escrita.

4   O que é produzido, o resultado da tarefa.

3.2
O projeto de aprender

O projeto de trabalho foi desenvolvido por Laura Monte Serrat Barbosa (1998) ao longo de sua atuação psicopedagógica e, em 2006, teve sua denominação alterada para *projeto de aprender*. Trata-se de um instrumento de intervenção e, segundo Barbosa (2012, p. 95), de "uma atitude educativa", que parte dos interesses do aprendiz e propicia conhecimentos a respeito de como ele aprende e das mudanças de que necessita para aprender.

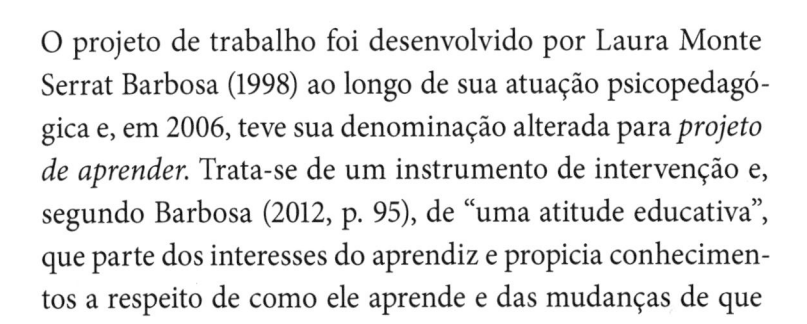

A elaboração do projeto de aprender tem início com o enquadramento, momento em que combinados são feitos e o sujeito recebe informações sobre o que é o projeto, no que se baseia, quais são seus objetivos etc., o que requer organização e planejamento.

O projeto de aprender acontece em etapas. A primeira é a **confecção de um painel** sobre o que já foi aprendido, o que se gostou de aprender e o que se deseja aprender. O aprendiz recebe uma folha de cartolina ou um pedaço grande de papel bobina, revistas, canetas hidrográficas, lápis de cor, giz de cera, lápis grafite, caneta esferográfica, cola e tesoura. O psicopedagogo também cria seu painel. Depois de prontos, dialoga-se sobre os painéis, suas semelhanças e suas diferenças, assim como as aprendizagens, as predileções e os anseios que evidenciam.

Na segunda etapa, a **descoberta do que é um projeto**, o aprendiz vê fotos de projetos anteriormente desenvolvidos, e o psicopedagogo conversa sobre eles, adequando o vocabulário ao nível de compreensão e à faixa etária do paciente, levanta informações referentes aos conhecimentos e às experiências prévias do sujeito com projetos e ressalta a importância do desejo no processo de aprendizagem.

Procede-se, então, à **escolha do tema** do projeto, após uma discussão sobre gostos, interesses e desejos em comum, e parte-se para o **planejamento**, decidindo-se e registrando-se como o projeto será organizado em função do tema, quais materiais serão utilizados, quanto tempo vai levar, o que será desenvolvido, para que vai servir, o que será aprendido e quais serão os custos envolvidos. Para a autora, é nessa etapa que se mobilizam sentimentos e se acentua o desejo de agir, suscitando conflitos cognitivos e conflitos vinculares, fundamentais para a aprendizagem.

A **execução** do projeto interdisciplinar envolve um número suficiente de sessões, previstas no planejamento e dedicadas à construção de algo; todavia, o processo, no qual se investem tempo, vontade e energia, é mais importante do que esse produto. Nesse contexto, observações e registros são efetuados à semelhança do que se faz nas intervenções com a caixa de trabalho.

Encerra-se o projeto com a **avaliação**, ou seja, um diálogo, uma reflexão crítica, uma análise e uma reelaboração, verificando-se os resultados alcançados, o percurso de construção de saberes realizado e as aprendizagens construídas. Ele pode, ainda, ser apresentado aos pais/responsáveis, desde que o sujeito deseje isso.

Exemplo prático

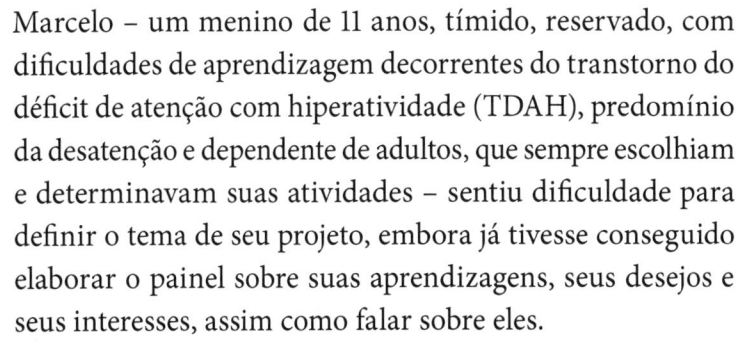

Marcelo – um menino de 11 anos, tímido, reservado, com dificuldades de aprendizagem decorrentes do transtorno do déficit de atenção com hiperatividade (TDAH), predomínio da desatenção e dependente de adultos, que sempre escolhiam e determinavam suas atividades – sentiu dificuldade para definir o tema de seu projeto, embora já tivesse conseguido elaborar o painel sobre suas aprendizagens, seus desejos e seus interesses, assim como falar sobre eles.

Depois de ouvir a explicação acerca do que é um projeto e de dialogar sobre os temas, não conseguiu se decidir e pediu que o profissional escolhesse em seu lugar. Após três sessões olhando fotos, conversando e anotando sugestões, Marcelo optou por um tema: Egito Antigo, conteúdo que estava estudando na escola, mas a respeito do qual tinha questionamentos que não estavam sendo respondidos. Assim, o projeto começou a ser esboçado, o que demandou cerca de seis sessões.

Como o tempo de atenção do aprendiz era curto e ele não fazia uso de medicação no período da tarde – indicada pelo neurologista apenas para o período escolar (manhã) –, foi preciso organizar as sessões para trabalhar no projeto nos primeiros 30 minutos e, no tempo restante, realizar outras atividades.

No decorrer da implementação do projeto, foram necessárias intervenções pontuais subjetivas, principalmente os recursos de informação e informação com redundância, interpretação e assinalamento.

Mediante pesquisas e com base na foto de um livro, foi confeccionada uma maquete representando o Egito Antigo, com personagens e construções de massa de *biscuit*. Também foi produzido um texto contando a história de um turista em visita ao país, com o roteiro da viagem e os valores gastos com passagem, estadia e alimentação.

O preço e a quantidade desses materiais foram calculados após pesquisa de preço na internet e cálculos matemáticos efetuados nas sessões; os materiais foram comprados pelo aprendiz e pelo profissional no horário de uma das sessões. A confecção foi bastante trabalhosa, e a maquete não replicou com exatidão a foto. A massa de *biscuit* não foi encontrada em todas as cores presentes na imagem; por isso, foram necessárias adaptações. Ademais, os personagens não ficaram idênticos aos originais, apenas parecidos. Tudo isso possibilitou ao aprendiz exercitar a autoria e a autonomia, ouvir as mediações, organizar-se, avaliar, desejar e aprender.

Ao longo da intervenção, o tempo da sessão passou a ser dedicado integralmente à conclusão do projeto, prendendo-se a atenção do aprendiz por um período mais longo.

3.3
A caixa de areia e as miniaturas

A caixa de areia e as miniaturas[5] são recursos empregados no processo corretor em conjunto com outros instrumentos,

---

5 Baseiam-se no *sandplay* (jogo de areia), criado por Margaret Lowenfeld e posteriormente adaptado por Dora Kalff, que o desenvolveu como técnica psicoterápica.

como o projeto de aprender e os jogos (Küster, 2012)[6]. O jogo de areia, ou caixa de areia, "é um método que permite o jogar como um recurso terapêutico e um importante instrumento de construção da aprendizagem" (Andion, 2015, p. 67). Complementando essa colocação, Acampora e Acampora (2016) o definem como um método projetivo que possibilita a expressão de conteúdos inconscientes (sentimentos, pensamentos e desejos) por meio da construção, por parte do sujeito, de cenários somados a miniaturas na caixa de areia.

Esses cenários podem ser construídos livremente – o que delineia um nicho de criação, organização, autoria e autonomia, aspectos importantes no processo de aprendizagem –, porém só no interior da caixa e com um número de miniaturas limitado por esse espaço. Isso oferece segurança e proteção ao aprendiz, que é acolhido, visto e ouvido pelo psicopedagogo sem julgamentos.

O material utilizado nesse método terapêutico é uma caixa de madeira retangular, com 72 × 50 cm, 7,5 cm de profundidade – para Weinrib (1993), tais medidas são aspectos importantes, visto que representam uma constante do enquadramento –, internamente revestida por fórmica impermeável, em razão do uso de água, e na cor azul, que remete à água do mar ou rio. Em seu interior, há areia fina, peneirada e tratada (esterilizada), numa profundidade de 3 cm, o que evita que transborde quando manipulada. A caixa é

• • • • •
6 Assim como ocorre com outros recursos, apenas conhecer a caixa de areia não basta. Ela requer estudo, pesquisa e, principalmente, formação complementar. Ao final do capítulo, sugerimos leituras adicionais para que você conheça a origem desse recurso e amplie seus conhecimentos sobre o tema.

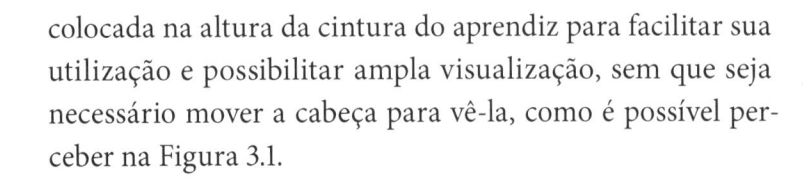

colocada na altura da cintura do aprendiz para facilitar sua utilização e possibilitar ampla visualização, sem que seja necessário mover a cabeça para vê-la, como é possível perceber na Figura 3.1.

Figura 3.1 – Caixa de areia

Tasha Cherkasova/Shutterstock

Alguns profissionais fazem uso de duas caixas, uma com areia seca e outra com areia molhada, uma opção pessoal que considera também o espaço disponível para sua guarda. A areia seca oferece ao aprendiz a experiência de tocá-la e senti-la escorrendo entre os dedos, movimentando-se; já a areia molhada possibilita sua modelagem, sua transformação e a percepção de sua plasticidade, facilitando a montagem dos cenários e provocando sensações de tranquilidade e equilíbrio.

As miniaturas são organizadas em estantes abertas e de fácil acesso, classificadas por critérios e dispostas nas prateleiras de acordo com eles, tal como na Figura 3.2. Devem representar figuras ou objetos agradáveis, bonitos, claros e coloridos, mas também feios, repulsivos, escuros e assustadores.

Figura 3.2 – Miniaturas e acessórios

Tânia Mara Grassi

O psicopedagogo deve providenciar uma variedade grande de miniaturas e acessórios, pois isso amplia a possibilidade de representação nos cenários, com riqueza de elementos que simbolizam e expressam os pensamentos e os sentimentos do aprendiz. Entre as miniaturas e os acessórios, é possível escolher animais, meios de transporte, utensílios domésticos, mobília, personagens e heróis de histórias, contos de fadas e histórias em quadrinhos, pessoas, casas, árvores, plantas, palitos de sorvete, bolas de gude, conchas, pedras pequenas, sucata, entre outros materiais. Pode-se progressivamente ampliar o acervo de objetos, incluindo também figuras e elementos regionais e/ou folclóricos.

O trabalho com esse recurso desdobra-se em etapas ao longo da sessão: a apresentação da caixa de areia com a consigna que convida o aprendiz a explorá-la; a apresentação das miniaturas, seguida pela consigna que sugere ao sujeito a observação e a seleção de algumas para a construção de um cenário; a construção do cenário em si e sua finalização; a mediação e a intervenção por meio de um diálogo sobre o cenário, a elaboração e o registro de uma história sobre ele; o registro fotográfico do cenário; e, após a saída do aprendiz, o desmonte do cenário, a higienização das peças, a guarda do material e a organização do espaço.

Para Andion (2015, p. 73-74),

> Os cenários construídos nas caixas de areia são conteúdos significativos da construção do conhecimento do próprio sujeito, são cenários individuais únicos. Podemos dizer que é o material vivo para a utilização da intervenção psicopedagógica.
>
> [...] O cenário construído é objeto de estudo da própria intervenção psicopedagógica.

Observando-se e analisando-se a escolha das miniaturas, o manuseio da areia, das figuras e dos acessórios, a colocação da água, a construção dos cenários, a forma de utilização do espaço, a inserção dos objetos e dos personagens, as ações sobre eles e as mudanças no cenário, é possível conhecer e compreender a estrutura cognitiva e afetiva do aprendiz, considerando-se aspectos como a organização ou a desorganização, a impulsividade, o planejamento, a análise, a observação, a ordenação por critérios, a classificação, a seriação, a seleção, a escolha, a construção ou a desconstrução e o interesse. Também se consegue acompanhar as mudanças que ocorrem durante o processo de intervenção.

O cenário criado simboliza questões específicas do aprendiz, e seus elementos tornam-se compreensíveis para o psicopedagogo à medida que são atrelados à trajetória de vida do sujeito. Concluída essa produção, o aprendiz elabora uma narrativa sobre ela, que pode ser registrada por ele ou pelo psicopedagogo, para posterior uso e análise. A respeito do indivíduo, essa história fornece e traz à tona elementos relevantes: organização espaço-temporal, sequência lógica, planejamento, detalhes, expressão de sentimentos, pensamentos e conflitos, registro, escrita, linguagem verbal, vocabulário, criatividade, imaginação, entre outros. Durante a construção do cenário e da história, o psicopedagogo os examina e, também, direciona seu olhar e sua escuta para a dinâmica e para a temática.

Andion (2015) sugere que, confeccionados os cenários e tendo em vista os objetivos da intervenção, sejam propostas ao aprendiz atividades como: escrita de palavras, frases ou textos; produção de textos de diferentes gêneros; reescrita dos textos; desenhos sobre o cenário; escolha de títulos para os cenários; contação de uma história sobre o cenário; descrição oral do cenário; relação do cenário com histórias conhecidas; palavras cruzadas ou caça-palavras sobre os personagens ou as histórias presentes no cenário construído; proposição de situações-problema sobre o cenário envolvendo contagem, operações aritméticas, classificação e seriação.

Os cenários criados são, ainda, registrados em fotografias, que são arquivadas em um álbum físico ou virtual, mantido na caixa de trabalho ou pasta do aprendiz, num arquivo no computador ou *pen drive*. Essas fotos podem ser vistas pelo aprendiz e pelo psicopedagogo, o que oportuniza a análise, a reflexão e a conversação sobre as construções e o processo de aprendizagem.

Tais produções não devem ser desmontadas na presença de seus autores, pois, segundo Küster (2012), isso quebra os vínculos e desvaloriza o processo de criação do aprendiz. Logo, é necessário aguardar a saída dele para desfazer o cenário e limpar e ordenar as miniaturas.

Ao longo do processo corretor com a caixa de areia e as miniaturas, o aprendiz evolui em termos de organização, planejamento, criação, produção, estruturação e aprendizagem, o que é possível em virtude da expressão simbólica que esse recurso permite.

Exemplo prático

Fernando, um menino de 9 anos, aluno do 4º ano do ensino fundamental de uma escola pública, iniciou um processo de intervenção devido a dificuldades de aprendizagem de leitura, escrita e matemática, autoestima baixa, impulsividade e desorganização.

Na primeira sessão com a caixa de areia, escolheu a areia seca e brincou com ela, deixando que escorresse entre os dedos, enquanto conversava com a psicopedagoga sobre o que gostava de fazer em casa e na escola. Acabou derrubando boa parte da areia no chão, ficando constrangido ao perceber;

contudo, foi tranquilizado e, no final da sessão, ajudou a recolhê-la com uma vassoura e uma pá. Nesse encontro, o garoto não construiu cenários nem escolheu miniaturas.

Na segunda sessão, Fernando molhou a areia, escolheu muitas miniaturas na estante, de forma aleatória e desorganizada, e não conseguiu montar um cenário, pois havia figuras demais no local, sem temática específica e dispostas de qualquer maneira. Foi assim em mais duas sessões, nas quais o psicopedagogo interveio com recursos subjetivos. Na quinta sessão, o menino escolheu menos miniaturas e conseguiu montar um cenário coeso e contar uma história sobre ele.

Progressivamente, Fernando deixou de derrubar a areia, organizou melhor seus cenários, selecionando as miniaturas e os acessórios com menos impulsividade, e contou histórias mais bem estruturadas, chegando ao registro escrito delas, bem como à resolução das situações-problema formuladas com base nos cenários e nessas narrativas. As dificuldades foram sendo superadas à medida que sua estrutura de pensamento começou a se modificar, que ele passou a expressar seus sentimentos e que as funções psicológicas superiores foram se desenvolvendo, o que aumentou sua autoestima.

O último cenário construído foi uma releitura da história de Peter Pan. O personagem havia crescido, se tornado pai e professor e levou os filhos para morar na Terra do Sempre, cheia de oportunidades e coisas para conhecer. Foram muito significativas a construção desse cenário, a escolha das miniaturas e a elaboração da história, marcando o fechamento do processo, o alcance da autoria e da autonomia, enfim, a despedida da Terra do Nunca e a passagem para a Terra do Sempre.

3.4
A ludicidade na intervenção

É bastante possível que você já tenha tido contato com os brinquedos e os jogos como recursos psicopedagógicos. Nesta seção, destacaremos a importância desses elementos no processo de intervenção psicopedagógica no espaço da clínica.

A ludicidade, linguagem componente de brinquedos e jogos, contribui significativamente para a aprendizagem e para o desenvolvimento do aprendiz, sobretudo aquele que ora enfrenta dificuldades.

As atividades lúdicas têm cinco características estruturantes: (1) prazer funcional, (2) desafio, (3) criação de possibilidades, (4) simbolização e (5) expressão construtiva (Macedo; Petty; Passos, 2005); tais aspectos as tornam instrumentos de intervenção ricos em possibilidades.

Para Grassi (2013a), o brincar e o jogar, no espaço psicopedagógico, geram um movimento de significação e ressignificação dos conhecimentos; nessa dinâmica, as intervenções e a mediação propiciam a apropriação dos saberes, a expressão e a elaboração de pensamentos e sentimentos, a consolidação de vínculos positivos com a aprendizagem, assim como o resgate do prazer de aprender, construir, desconstruir, criar, explorar, descobrir, fazer e interagir.

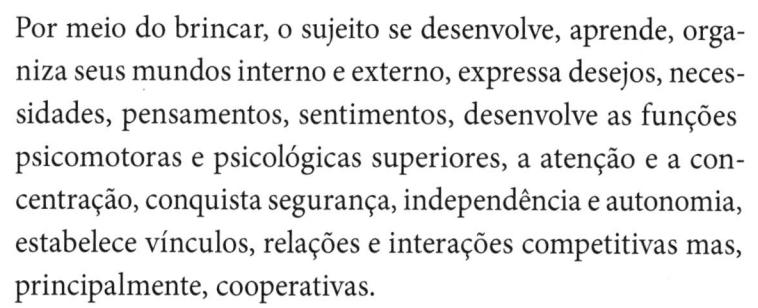

3.4.1
Brinquedos e jogos

Por meio do brincar, o sujeito se desenvolve, aprende, organiza seus mundos interno e externo, expressa desejos, necessidades, pensamentos, sentimentos, desenvolve as funções psicomotoras e psicológicas superiores, a atenção e a concentração, conquista segurança, independência e autonomia, estabelece vínculos, relações e interações competitivas mas, principalmente, cooperativas.

De acordo com Barbosa e Barbosa (2012), durante o processo corretor, podem ser utilizadas as **brincadeiras espontâneas**, que favorecem a apropriação de conhecimentos, a integração de ações e pensamentos, a expressão de sentimentos, o aumento da autoestima, a vivência da autoria e da autonomia, bem como as **brincadeiras disparadoras**, escolhidas pelo psicopedagogo, que provocam no aprendiz um desequilíbrio que o estimula a agir para alcançar o equilíbrio, desenvolver funções e habilidades e perceber seus interesses.

A escolha do tipo de brincadeira e dos brinquedos é feita pelo profissional tendo em vista os resultados da avaliação diagnóstica, a faixa etária, as demandas e os interesses do aprendiz, as dificuldades que este apresenta e, também, as mudanças que ocorrem no decurso da intervenção. Além disso, a brincadeira em si é sempre mediada pelo psicopedagogo, que acompanha o processo de intervenção observando as ações e as interações (a dinâmica, a temática e o produto), a fim de entender seu significado simbólico e proceder às intervenções necessárias.

Quanto aos jogos, eles desenvolvem no aprendiz as funções necessárias à aprendizagem e são assim classificados por Piaget (1977): **jogos de exercício**[7], **jogos simbólicos**[8] e **jogos de regras**[9], sendo estes os mais utilizados no processo corretor.

Os jogos oferecem infinitas possibilidades de intervenção durante o processo corretor. Podem ser utilizados com diferentes objetivos e de diferentes maneiras, levando-se em conta o nível de pensamento do sujeito e os conhecimentos que tem sobre o jogo: o aprendiz escolhe o jogo; o profissional seleciona alguns jogos que mobilizem uma mesma função, direcionando a escolha do aprendiz; o psicopedagogo escolhe um jogo específico para mobilizar determinada função, ação ou sentimento; o psicopedagogo propõe a construção de jogos – conhecidos ou novos – pelo aprendiz ou a modificação de regras e/ou da estrutura e organização de jogos existentes. Em todos os casos, é essencial que se mantenha seu caráter lúdico.

- - - - -

7 Envolvem exercícios psicomotores, maturação neuropsicomotora, sensação e movimento, ação, prazer pelo funcionamento, exploração e experimentação. São frequentes no período sensório-motor, mas também estão presentes em outros estágios.

8 Consistem em jogos de ficção, imaginação e imitação, nos quais o faz de conta está presente. A representação e a simbolização propiciam a atribuição de novos significados e funções aos objetos e às experiências. Estão presentes no estágio pré-operatório de forma mais intensa, mas acompanham o sujeito pela vida toda.

9 Implicam relações sociais, cumprimento e compreensão de regras. Presentes a partir do estágio operatório concreto, também acompanham a pessoa por toda a vida.

Para Arseno e Crespo (citados por Barbosa, 1998), há três momentos em um processo de intervenção psicopedagógica: uma **etapa lúdica**, cujo objetivo é o estabelecimento de vínculos e na qual não há aproximação direta com as dificuldades do aprendiz; uma **etapa semirreal**, em que se trabalham questões relacionadas às suas dificuldades; e uma **etapa real**, momento em que o sujeito enfrenta suas dificuldades diretamente. Essas etapas podem acontecer numa mesma sessão de intervenção ou no decurso da intervenção.

É possível utilizar os brinquedos e os jogos como instrumentos principais de intervenção ou associados a outros, como material disparador, na caixa de trabalho, nos projetos de aprender etc. Nas oficinas psicopedagógicas, por exemplo, podem compor um dos momentos ou estar presentes nos três: na sensibilização, no desenvolvimento e/ou no fechamento, como ocorre principalmente nas propostas de Torres (2001) e de Grassi (2013a).

O encaminhamento dado pelo psicopedagogo no trabalho psicopedagógico desenvolvido no processo corretor com jogos é fundamental para que estes se constituam efetivamente em recursos psicopedagógicos, o que acontece por meio da mediação, em que atitudes operativas e intervenções subjetivas são efetuadas.

Conhecer os brinquedos e os jogos disponíveis no mercado e suas possibilidades de utilização auxilia na escolha desses instrumentos. Todavia, não se pode esquecer que é preciso dominar o material, assimilar suas regras e estratégias, saber jogá-lo e, também, considerar o aprendiz e suas particularidades. Também é viável fabricar brinquedos e jogos para trabalhar aspectos específicos e determinadas habilidades ou funções; essa construção pode ser realizada com o sujeito e/ou com o grupo, inclusive no projeto de aprender.

Brenelli (citada por Grassi, 2013a) afirma que o desejo é condição *sine qua non* para brincar e jogar, para viver e para aprender. No processo de aprendizagem, é preciso desejar aprender, ser desafiado, estar interessado, o que também é necessário para brincar e jogar. Muitas vezes, o trabalho de intervenção consiste no resgate do desejo de aprender, por intermédio da ludicidade, que, progressivamente, leva o sujeito a superar suas dificuldades. Uma vez resgatado esse desejo, outros objetivos tornam-se o centro da aprendizagem e busca-se desenvolver e aprimorar estruturas mais elaboradas de pensamento.

3.4.2
Oficinas psicopedagógicas

As oficinas psicopedagógicas são um importante recurso de intervenção no qual a ludicidade é componente central, presente em diferentes atividades: brincadeiras e jogos, dinâmicas de grupos, jogos dramáticos, artes plásticas, dramatização, literatura, entre outras.

Trata-se de um espaço de trabalho no qual os participantes (aprendentes e ensinantes) focalizam um objetivo comum e, em razão disso, estabelecem um vínculo afetivo especial e uma relação dinâmica e desenvolvem um trabalho conjunto de construção de conhecimentos, expressão de sentimentos, organização de pensamentos e mediação. Nessa conjuntura, há aprendizagem e mudança, e cada sujeito pode experimentar, errar, desfazer e refazer, sem constrangimento (Grassi, 2013a).

As oficinas pedagógicas devem ser escolhidas quando, após a avaliação, se mostrarem uma alternativa de atendimento pertinente. Em geral, são empregadas em paralelo a outros recursos e instrumentos, representando mais uma possibilidade de atendimento e que, por ser em grupo, pode ser indicada após a implementação de um trabalho individual. Ademais, requerem um planejamento, que contempla caracterização do grupo participante, definição de objetivos gerais e específicos, datas, horários, duração, local, dinâmicas que serão desenvolvidas, materiais necessários, adaptações, função de cada profissional, funções psicológicas e conteúdos trabalhados direta ou indiretamente, avaliação e continuidade.

As oficinas são realizadas em grupos, em várias sessões e durante um tempo previamente determinado. Cada encontro dura em média 1 hora e 30 minutos, período em que as atividades são feitas sem pressa e mediadas de modo ativo e dinâmico, e engloba uma dinâmica com começo, meio e fim; um final que indica sempre a continuidade. Os participantes, devidamente orientados, são estimulados a participar de cada etapa, para que cheguem ao produto das oficinas: a produção de conhecimentos, a construção de relações interpessoais e a vivência de experiências genuínas e irrepetíveis.

Em nossa prática com oficinas, seguimos uma proposta de nossa autoria, que toma por base as experiências de Torres (2001) e Allessandrini (1999).

A proposta de Torres (2001) corresponde às seguintes etapas: "Hora da roda" (de 15 a 20 minutos de duração) – período dedicado ao diálogo, no qual acontecem trocas e compartilham-se dificuldades, sucessos e fracassos; "Jogo do dia" (50 minutos ou mais), momento no qual são feitas as mediações e trabalha-se com um jogo ou um desafio escrito, envolvendo leitura, matemática e/ou conteúdos escolhidos e relacionados ao tema principal da oficina; e "Cantinhos" (20 minutos), que consiste na utilização de jogos dispostos sobre mesas ou no chão, nos quatro cantos da sala. A escolha é livre, de acordo com os interesses e os desejos de cada um, possibilitando a formação espontânea de grupos. Finaliza-se com a avaliação da oficina, que é aberta e reflexiva.

Nossa proposta (Grassi, 2013a) foi organizada em quatro etapas: "Sensibilização – estabelecendo vínculos e estreitando laços" (20 minutos de duração), período em que se realizam dinâmicas de apresentação, acolhimento, vinculação, envolvimento e interação, utilizando-se os sentidos, a expressão corporal e a expressão de afetos; "Desenvolvimento – construções psicopedagógicas" (de 50 a 60 minutos), etapa em que se faz a atividade principal em busca do alcance de objetivos (diversas atividades podem ser escolhidas, de jogos de exercício a atividades com música e dança, em que há o exercício de funções psicológicas superiores, funções psicomotoras, expressão de pensamentos e afetos, produções e interações); "Fechamento – elaborando experiências" (de 10 a 15 minutos), momento em que se realiza uma dinâmica de grupo, um relaxamento ou uma reflexão, cujo objetivo é elaborar as experiências, dando-lhes um significado; e, por fim, "Avaliação – avaliando vivências", etapa em que os participantes fazem uma análise crítica, avaliando as vivências, destacando os pontos positivos e negativos, expressando seus sentimentos, analisando seus pensamentos e suas ações e o alcance ou não dos objetivos.

A seguir, apresentamos um exemplo de oficina baseada nessa proposta.

Exemplo prático

A intervenção foi realizada com um grupo de 8 crianças – 3 meninas e 5 meninos, todos na faixa dos 9 aos 11 anos – com dificuldades de aprendizagem e teve duração de 1 ano, sendo os encontros semanais, sempre às quartas-feiras, das 14 às 16 horas.

No primeiro encontro, cada componente do grupo foi recebido na entrada com um cartão de boas-vindas colorido e encaminhado à sala de atendimento. Na sala, as crianças foram orientadas a se sentarem na almofada de cor igual à de seu cartão. Os participantes, em seguida, apresentaram-se e confeccionaram crachás com os cartões recebidos. Havia um azul-claro e outro azul-escuro, um verde-claro e outro verde-escuro, um amarelo-claro e outro amarelo-escuro, um cor-de-rosa e outro *pink*. Esses cartões foram usados para formar duplas para a realização da atividade principal do dia.

Uma vez formadas as duplas, foi solicitado que os participantes segurassem as mãos de seus pares e não as soltassem; de mãos dadas, deveriam pintar uma figura com as cores indicadas (verde, vermelho, azul e amarelo), recortá-la e, por fim, montar um quebra-cabeça. As crianças tiveram dificuldades para cumprir a tarefa, mas, com a devida mediação, conseguiram concluí-la.

O fechamento da oficina foi a construção de um painel coletivo representando as dificuldades encontradas. Em seguida, cada participante pôde expressar livremente seus sentimentos e seus pensamentos. Os objetivos da oficina foram a apresentação dos aprendizes, a formação das duplas, a vivência de dificuldades específicas e sua expressão.

3.5
O material disparador

O material disparador, uma constante do enquadramento, apresentada ao aprendiz por meio de uma consigna, tem por objetivo mobilizar o sujeito na busca pelo conhecimento e pela aprendizagem, estimulando estruturas mais complexas de pensamento a partir do estágio em que a pessoa se encontra.

Embora escolhido pelo psicopedagogo com base nas características do aprendiz, de acordo com Bosse (2012), o disparador não é de uso exclusivo deste, sendo apresentado sobre a mesa, em todas as sessões (ou seja, é recorrente), com uma caixa de uso comum, que contém lápis grafite, borracha, cola, tesoura, lápis de cor, giz de cera, apontador, canetas hidrográficas e esferográficas, folhas de papel sulfite branco e colorido, folhas de papel pautado e quadriculado, fita adesiva, entre outros.

É bastante possível que, neste momento, você esteja curioso para saber o que pode ser utilizado como material disparador! Bom, na verdade, uma infinidade de materiais, desde que sejam estimulantes para o aprendiz. Entre eles, destacam-se jogos e brinquedos, fantoches, livros, revistas, tinta, massa de modelar, argila, lã, tecido etc. Empregá-los demanda, sobretudo, conhecer bem seus usos possíveis e o que exatamente mobilizam.

Quando o disparador não estiver mais mobilizando o aprendiz, o psicopedagogo pode propor uma substituição, perguntando-lhe se concorda com a troca. O aprendiz pode, eventualmente, solicitar ou sugerir um disparador e, caso seja pertinente, o psicopedagogo pode providenciá-lo em um próximo encontro.

No trabalho com adolescentes, Bosse (2012) sugere a utilização do material escolar do aprendiz também como disparador, que pode ser trazido por ele. A autora inclui o conteúdo escolar nas sessões, durante o processo corretor, destacando que o objetivo é ensinar o sujeito a aprender, e não ensinar o conteúdo, partindo-se das proposições dele em relação ao tema e ao desenvolvimento da sessão.

Trabalhar com o material disparador no processo corretor pressupõe, ainda, considerar e analisar o erro como manifestação das estruturas de pensamento. Logo, deve-se mediar, para que o sujeito identifique os objetivos das atividades e os erros cometidos, reveja os procedimentos que os acarretaram e, assim, supere-os.

Exemplo prático

Para Thiago, um adolescente de 12 anos, foi escolhido como material disparador o jogo Cara a Cara personalizado, que foi sendo construído por ele no decorrer da intervenção. Esse jogo ofereceu-lhe a possibilidade de escolher os personagens, representá-los com desenhos – uma de suas habilidades – e registrar suas características para que pudessem ser identificados.

A confecção e a experiência de jogar mobilizaram sua atenção por várias sessões, até se esgotarem as possibilidades do recurso e o interesse do aprendiz. Assim, efetivou-se a aprendizagem, e o jogo foi substituído por um caderno meia pauta, com a proposta de associar os desenhos e a escrita de histórias.

Síntese

Neste capítulo, apresentamos os recursos objetivos utilizados no processo de intervenção psicopedagógica clínica, sintetizados a seguir, no Quadro 3.1.

A organização do trabalho psicopedagógico clínico: recursos e instrumentos de intervenção

Quadro 3.1 – Recursos objetivos

Caixa de trabalho	Projeto de aprender	Caixa de areia e miniaturas	Brincadeiras e jogos	Oficinas psicopedagógicas	Material disparador
Proposta por Jorge Visca na epistemologia convergente. Uso individual e exclusivo. É organizada de acordo com as características do sujeito.	Proposto por Laura Monte Serrat Barbosa. Elaborado pelo sujeito. A pesquisa e a construção estão presentes. Exercita a autonomia e a autoria.	Montagem de cenários. Possibilita expressar sentimentos e pensamentos.	Presentes em diferentes contextos e nas sessões em que a ludicidade é a linguagem central. Jogos de exercício, simbólicos ou de regras são predominantes em distintos estágios de desenvolvimento.	Projeto de trabalho psicopedagógico. Brinquedos e jogos são essenciais para seu desenvolvimento.	Trabalha aspectos específicos do aprendiz. Usado em conjunto ou separadamente.

Indicações culturais

Livros

AMMANN, R. **A terapia do jogo de areia**: imagens que curam a alma e desenvolvem a personalidade. Tradução de Marion Serpa. São Paulo: Paulus, 2004.
A autora aborda a terapia do jogo de areia, enfocando sua história e seus fundamentos, descrevendo a técnica terapêutica e explicando o método detalhadamente com o apoio de fotos ilustrativas. É um excelente material para aprofundar os conhecimentos sobre essa técnica e sua aplicação.

KLUMPP, C. F. B.; ANDRADE, M. S. de. **Intervenção psicopedagógica**: atividades práticas. São Paulo: Memnon, 2017.
As autoras analisam sugestões de atividades que podem ser desenvolvidas no processo de intervenção psicopedagógica clínica, relacionando-as às modalidades de aprendizagem patológicas. Ressaltamos que são sugestões baseadas em suas experiências e não devem ser tomadas como modelos rígidos a seguir.

Vídeos

RAMOS, A. L. G. **A psicoterapia na caixa de areia**. 13 abr. 2017. 4 min. Disponível em: <https://www.youtube.com/watch?v=ZLM6m-NXUXM>. Acesso em: 7 mar. 2020.
Adriana Lopes Garbim Ramos relata como utiliza a caixa de areia no trabalho terapêutico com crianças e adolescentes.

WHAT IS sandplay Therapy? 30 abr. 2015. 30 min. Disponível em: <https://www.youtube.com/watch?v=BTlKJ-7JDrI>. Acesso em: 7 mar. 2020. Profissionais que utilizam o jogo de areia apresentam a técnica, os materiais e seus benefícios no trabalho terapêutico.

Atividades de autoavaliação

1. O material disparador tem por objetivo mobilizar o sujeito para buscar conhecimento e aprendizagem. Com relação a esse instrumento de intervenção psicopedagógica, assinale a alternativa correta:
   a) O material disparador é escolhido pelo psicopedagogo tendo em conta características e necessidades do aprendiz, é apresentado, na sessão, sobre a mesa ou acondicionado em uma caixa e é de uso exclusivo do sujeito.
   b) Diversos materiais podem ser empregados como disparadores. Para escolhê-los, é fundamental considerar que devem possibilitar a mobilização de estruturas mais complexas de pensamento a partir do nível em que o sujeito se encontra, colocando em movimento ações, pensamentos e sentimentos.
   c) O material disparador é escolhido pelo psicopedagogo e apresentado ao aprendiz com a consigna: "Esse material serve para você me mostrar o que sabe fazer, o que aprendeu ou o que lhe ensinaram".

d) A cada sessão, apresenta-se ao aprendiz um material disparador diferente, de modo a estimular as funções psicológicas superiores e a adaptação a novas situações, considerando-se as dificuldades de aprendizagem do sujeito, seus interesses e os objetivos a atingir.

e) O psicopedagogo apresenta uma lista com alguns materiais ao aprendiz, que escolhe um deles para ser o disparador. Esse material é trazido na sessão seguinte e manuseado pelo aprendiz.

2. O projeto de aprender, idealizado por Laura Monte Serrat Barbosa, é um instrumento de intervenção psicopedagógica que parte dos interesses do aprendiz. Assinale a alternativa que apresenta as etapas desse projeto:

a) Confecção de painel expressando o que se aprendeu e o que se pretende aprender; descoberta do que é um projeto; escolha do tema; elaboração do planejamento; desenvolvimento do projeto; avaliação.

b) Confecção de painel de gostos e preferências; pesquisa sobre o que é um projeto; escolha do tema; escrita do projeto; aquisição de materiais para o desenvolvimento do projeto; implementação do projeto; análise dos resultados; publicação.

c) Elaboração de uma lista de temas; escolha do tema; elaboração do projeto; desenvolvimento do projeto; apresentação do projeto aos pais/responsáveis; avaliação dos resultados.

d) Elaboração de uma lista de temas de interesse do aprendiz; análise dos temas; escolha do tema do projeto; elaboração do planejamento; previsão dos gastos ou custos; desenvolvimento do projeto; análise dos resultados.

e) Discussão sobre o tema do projeto; escolha do tema; elaboração do projeto; implementação do projeto; apresentação do projeto na escola; avaliação.

3. A caixa de areia e as miniaturas são instrumentos de intervenção psicopedagógica usados, no processo corretor, paralelamente a outros recursos. Leia as afirmativas a seguir sobre esses instrumentos.

   I) O material utilizado é uma caixa de madeira de 2 × 2 m, com 50 cm de profundidade e preenchida por areia colorida, fina, peneirada e tratada; nesse espaço, o aprendiz entra e pode elaborar seus cenários.

   II) Além da caixa de areia, o material inclui miniaturas de objetos, figuras e acessórios variados (coloridos, escuros, repulsivos, assustadores, bonitos, claros, feios etc.), que são dispostos em estantes abertas e acessíveis, para facilitar a escolha por parte do aprendiz.

   III) O sujeito brinca com os materiais, produz cenas na caixa de areia e, assim, expressa conteúdos internos. Após sua conclusão, o aprendiz desenha o cenário construído e o desfaz antes do término da sessão.

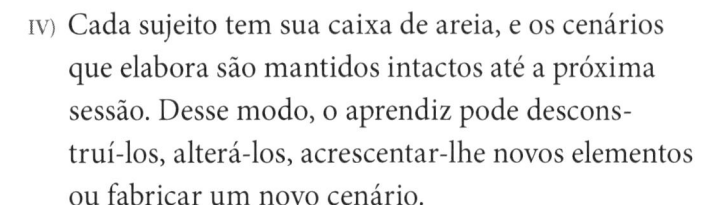

IV) Cada sujeito tem sua caixa de areia, e os cenários que elabora são mantidos intactos até a próxima sessão. Desse modo, o aprendiz pode desconstruí-los, alterá-los, acrescentar-lhe novos elementos ou fabricar um novo cenário.

V) O aprendiz pode utilizar areia seca ou molhada em sua caixa, montando cenários com as miniaturas escolhidas pelo psicopedagogo. Finalizado o cenário, o aprendiz conta ou escreve uma história sobre ele, e o profissional faz um registro fotográfico para arquivamento e posterior análise.

Está correto o que se afirma em:

a) I, II e III.
b) II e III.
c) II, apenas.
d) V, apenas.
e) Todas as afirmativas estão incorretas.

4. A caixa de trabalho é uma das constantes do enquadramento, cujo conteúdo possibilita ao sujeito vivenciar o processo de aprendizagem. Assinale a alternativa que indica como deve ser essa caixa:

a) De plástico, grande, transparente e etiquetada com o nome do sujeito; nela são colocados brinquedos, jogos de regras, material escolar, livros, revistas, sucatas, máscaras e fantasias escolhidos pelo aprendiz.

b) De papelão ou de MDF, com tampa e lisa, podendo ser decorada pelo aprendiz. Em seu interior, inserem-se brinquedos e jogos indicados pelo sujeito, bem como materiais escolares de uso frequente. A cada sessão, o aprendiz pode acrescentar-lhe um material de seu interesse.

c) Grande, de papelão ou de MDF e decorada pelo psicopedagogo, responsável por selecionar os materiais que serão colocados nela. Entre esses materiais estão livros didáticos, exercícios e fichas escolares, material para contagem (como tampinhas e palitos), alfabeto móvel, um dominó, um quebra-cabeças e um jogo de damas.

d) De papelão, de MDF ou de plástico não transparente, com tampa e de uso exclusivo do sujeito, que pode ornamentá-la. Na primeira sessão, o aprendiz a organiza, colocando em seu interior os materiais escolhidos pelo profissional de acordo com o que precisa ser trabalhado; além disso, acondiciona materiais novos e entregues a ele pelo psicopedagogo em embalagens ou sacolas plásticas: instrumentos, material estruturado e não estruturado ou semiestruturado.

e) Grande, com tampa, preferencialmente lisa, de uso exclusivo do aprendiz, que nela adiciona uma etiqueta com seu nome. Na primeira sessão, ele faz a escolha do material com base numa lista elaborada pelo profissional (material escolar, brinquedos, jogos, livros, revistas e material de artes plásticas) e, na segunda sessão, organiza a caixa.

5. A seguir, relacione cada momento das oficinas psicopedagógicas propostas por Grassi (2013a) à respectiva caracterização.

1) Estabelecendo vínculos e estreitando laços
2) Elaborando experiências
3) Avaliando vivências
4) Construções psicopedagógicas

( ) É o momento voltado à recepção dos participantes e à mobilização para as atividades que serão desenvolvidas.
( ) O processo é retomado e analisado criticamente pelos participantes.
( ) O grupo dedica-se a uma atividade e interage em razão dela, sendo acompanhado pelo olhar atento e pela escuta especial de um profissional/mediador, que faz as intervenções necessárias.
( ) Há um diálogo em que o grupo comunica seus sentimentos por meio da linguagem verbal oral, verbal escrita ou simbólica.

Agora, marque a alternativa que apresenta a sequência correta:

a) 1, 3, 4, 2.
b) 1, 2, 4, 3.
c) 4, 3, 2, 1.
d) 3, 4, 1, 2.
e) 2, 1, 3, 4.

Atividades de aprendizagem

Questões para reflexão

1. Pesquise sobre a utilização da caixa de areia no processo de intervenção, consultando, para isso, artigos, teses ou dissertações sobre o tema. Depois, elabore um texto-base e produza um *podcast* para apresentar suas ideias acerca desse assunto.

2. Pesquise sobre a caixa de trabalho e, baseando-se num roteiro prévio, entreviste profissionais que a utilizam na intervenção psicopedagógica. Analise as informações coletadas e redija um artigo sobre o tema.

Atividades aplicadas: prática

1. Pesquise sobre jogos de exercício, simbólicos e de regras e organize um fichário físico ou virtual com nome, objetivos, descrição, imagem e indicações acerca deles. Depois, apresente sua seleção aos colegas em um fórum e compare-a com trabalhos similares, a fim de ampliar seu fichário.

2. Desenvolva, com um grupo de crianças de 6 a 8 anos, uma dinâmica com um material disparador, que pode ser um jogo de regras ou outro material. Apresente-lhes o disparador, acompanhe mediando e, depois, registre sua experiência, analisando os resultados.

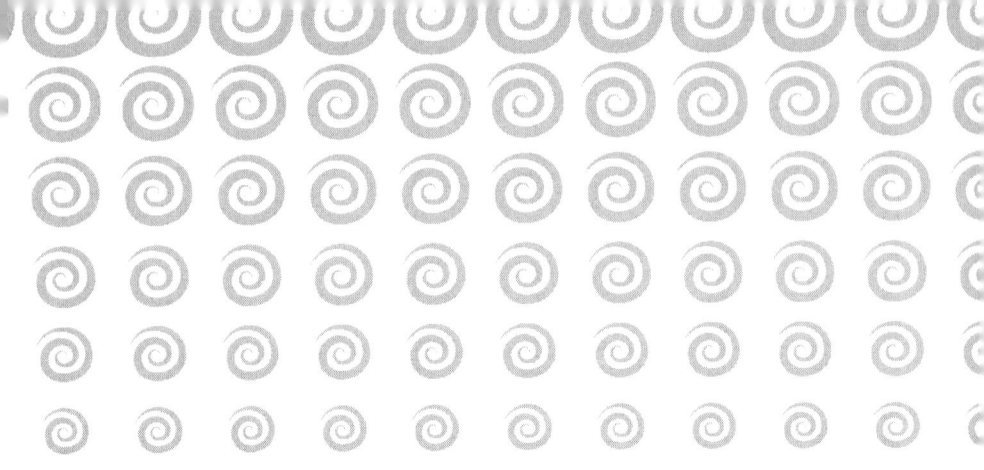

4
Intervenção psicopedagógica institucional: espaços e contextos

Ao procederem à intervenção psicopedagógica no consultório, os psicopedagogos começaram a se deparar com uma série de questões que transcendiam o espaço da clínica e que apontavam a necessidade de se compreenderem as instituições nas quais os processos de ensino e aprendizagem se desenvolvem (ou deveriam desenvolver-se sem obstáculos) de forma direta ou indireta (Grassi, 2013b), o que paulatinamente delineou uma nova área de pesquisa e atuação com enfoques preventivo e terapêutico.

E assim nasceu a psicopedagogia institucional: em razão da busca por entender a complexa rede de relações estabelecidas nos contextos em que os sujeitos aprendentes e ensinantes circulam – a escola, a família, o trabalho (empresa), as organizações não governamentais (ONGs) e outras instituições –, a qual afeta positiva ou negativamente a aprendizagem.

Para Visca (1991), essa ampliação da psicopedagogia do espaço da clínica para o espaço institucional possibilitou o estudo e a compreensão do sujeito (microssistema) e das instituições (macrossistemas) – escolar, empresarial, hospitalar, entre outras. A intervenção institucional, contudo, tem algumas especificidades que a diferenciam da intervenção clínica, abordada nos capítulos anteriores, como veremos a partir de agora.

Os processos de aprender e ensinar são promovidos em diferentes espaços e contextos: formais e informais, sistemáticos e assistemáticos. Desse modo, é possível aprender e ensinar em casa, na empresa, na escola, na igreja, com amigos, professores, treinadores etc. Porém, há um espaço sistemático e formal dedicado especialmente a isso: a escola; e é justamente nela que as dificuldades de aprendizagem e de ensinagem[1] emergem.

Esses processos são correlatos e interdependentes; logo, a não aprendizagem sinaliza que a ensinagem não foi efetiva. Em outras palavras, há problemas e obstáculos indicando que algo precisa ser feito, como ação preventiva, antes

- - - - -
1 Abordagem inadequada, por parte do professor, caracterizada pela ausência de disponibilidade ou pela falta de flexibilidade no processo de ensino e na relação com o sujeito/aprendiz, provocando a não aprendizagem (Polity, 2002).

que estes acarretem fracasso escolar, exclusão e abandono. Infelizmente, na maioria das vezes, essa ação é terapêutica, ou seja, empreendida quando a não aprendizagem já tiver deixado marcas nos alunos, nos professores, na escola e na sociedade.

Essa atuação, na verdade, procura minimizar os efeitos de tal adversidade ou prevenir sua intensificação. Isso implica analisar todos os elementos que compõem os sistemas, ou seja, todos os elementos envolvidos nos processos de ensino e aprendizagem (o macrossistema e o microssistema), para compreendê-los e implementar as mudanças necessárias.

A respeito disso, Grassi (2013b, p. 146-147) afirma que

> é preciso incluir o sistema educacional brasileiro – políticas públicas de educação, legislação e organização da instituição escolar, enquanto construção social e, portanto, reprodutora da sociedade e instrumento de manutenção do *status quo*, com suas contradições – até os dirigentes, os professores, os coordenadores, os supervisores, os demais funcionários, os alunos, a família e a comunidade no entorno da escola, os agentes atuantes no processo de ensino-aprendizagem, com suas características, suas histórias pessoais e sociais, suas dificuldades e seus estilos de aprender e ensinar, suas formações profissionais e suas falhas de formação e de atuação. [...] como esses agentes se relacionam e atuam no espaço escolar e institucional [...].

A intervenção tem início após a realização de uma avaliação diagnóstica em uma instituição pública ou privada, de pequeno, médio ou grande porte e cujas características centrais são o fato de, em primeiro lugar, constituir-se em um espaço de ensino-aprendizagem e, em segundo lugar, de objetivar evitar ou equacionar dificuldades nesse âmbito. Outro aspecto fundamental a se considerar na intervenção é que a instituição observada faz parte da sociedade em um tempo histórico específico; por isso, sua organização e seu funcionamento são influenciados e determinados por políticas públicas e legislação vigentes.

Vale reiterarmos, neste ponto, que o psicopedagogo que atua no espaço institucional deve ser um assessor ou consultor, o que lhe confere maior autonomia e lhe permite avaliar e intervir com o distanciamento necessário (Gasparian, 1997). No entanto, no caso de ele ser colaborador da organização em questão, esse distanciamento e essa autonomia podem ser comprometidos, uma vez que, além de ser elemento componente do grupo, já tem sólidos vínculos e, portanto, é parte do sistema e dos sintomas que ali se manifestam; questão a que voltaremos ao final deste capítulo.

4.1
A escola

Podemos afirmar que o principal espaço de atuação da intervenção psicopedagógica é a instituição escolar, cuja dinâmica especial de funcionamento norteia suas ações e lhe permite alcançar seus objetivos. Trata-se de um local organizado e direcionado para a escolarização de crianças, adolescentes, jovens, adultos e/ou idosos de distintas faixas etárias e níveis de ensino (educação infantil, ensino fundamental I e/ou II, ensino médio, ensino técnico, ensino superior e educação de jovens e adultos – EJA); um espaço de construção de conhecimentos, apropriação de saberes e educação, no qual os processos de ensino e aprendizagem se colocam em movimento. Contudo, tal dinâmica é relacional, complexa e marcada por possibilidades e, também, por limites.

A escola é uma instituição empresarial, que pode ser pública (municipal, estadual ou federal) ou privada e na qual há investimentos financeiro, pessoal, profissional, afetivo, temporal e energético. Além disso, é o microssistema de um sistema mais amplo (macro), apresentando uma estrutura administrativa regida tanto por leis e políticas públicas instauradas por esse macrossistema quanto por uma série de outros elementos.

Nesse espaço, os funcionários configuram uma complexa rede de relações, influenciando e sendo influenciados por esses elos, e articulam-se para executar suas atividades e alcançar o fim primordial da escola, que é, como já explicamos, viabilizar o ensino e a aprendizagem. Pessoas diversas – desejantes ou não, aprendentes e ensinantes – transitam no interior da escola, entram e saem, aprendem e ensinam, porém também podem não ensinar e não aprender. Nessa direção, os recursos financeiros, a estrutura física, a organização pedagógica, a filosofia e a concepção que fundamentam essa organização e as práticas que dela decorrem podem converter-se em elementos promotores ou obstaculizantes da aprendizagem.

Diante do exposto, é possível notar que a intervenção psicopedagógica institucional em uma escola pressupõe conhecê-la profundamente por meio de uma avaliação diagnóstica cuidadosa. Essa diagnose assemelha-se ao diagnóstico clínico, no qual uma gama de instrumentos é empregada e, com isso, propicia o levantamento de dados, a formulação, a confirmação ou a negação de hipóteses, a compreensão do funcionamento institucional, a definição de um diagnóstico e, por fim, a proposição de uma intervenção de fato.

Você com certeza já conhece os instrumentos concernentes a esse tipo de avaliação. No entanto, consideramos producente relembrar alguns deles e destacar a importância de seus resultados como elementos que orientam a intervenção em si. Vejamos:

- entrevista operativa centrada nas modalidades de ensino e aprendizagem (Eocmea);
- entrevista operativa dialógica (Eodi), realizada com um subgrupo como amostra;
- entrevistas com profissionais, alunos e funcionários da instituição;
- observações exploratórias e observações dirigidas;
- oficinas psicopedagógicas;
- pesquisa documental (histórico institucional, Projeto Político Pedagógico – PPP, regimento escolar, currículo, planejamento pedagógico, fichas de alunos, fichas de professores, registros de frequência, desempenho e avaliações etc.);
- conhecimento da comunidade;
- questionários;
- provas projetivas psicopedagógicas adaptadas;
- grupos operativos e dinâmicas de grupo.

Outros instrumentos também podem auxiliar na coleta de dados e no levantamento de hipóteses. Para tanto, é preciso considerar as dimensões do conhecimento (saberes que circulam no interior da escola e como são utilizados), da interação (como os sujeitos de diferentes setores interagem entre si para realizar tarefas), do funcionamento (organização, papéis atribuídos e assumidos, normas e regras da instituição) e da estrutura (ambiente, ação educativa, organograma), assim como sua inter-relação.

Assim, há um leque de recursos subjetivos, explanados no Capítulo 2, e objetivos, apresentados no Capítulo 6, que podem servir tanto à intervenção institucional quanto à intervenção clínica. A seleção desses elementos é orientada pela análise inicial da queixa, quando ela foi formulada e originou um encaminhamento. Quando não há queixa de início ou a dificuldade enfrentada ainda não está evidente, é preciso fazer uma exploração por meio de entrevistas e/ou observações, a fim de levantá-la ou clarificá-la.

O psicopedagogo pode ser um funcionário da instituição contratado para tal função, o qual deverá estruturar sua práxis e fundamentá-la em uma concepção teórica e nas necessidades da referida organização. Desse modo, esse profissional identifica problemas, ouve relatos, detecta obstáculos, intervém preventiva e terapeuticamente etc. E essa intervenção psicopedagógica tem, como antes mencionamos e retomaremos adiante, limites e possibilidades.

O psicopedagogo pode ainda trabalhar como assessor, a forma de atuação com maior probabilidade de efetividade, sendo contratado para uma atividade específica e por um tempo determinado. Nesse cenário, ele recebe uma queixa, desenvolve a avaliação e propõe a intervenção, que pode ou não ser implementada, o que dependerá da natureza do contrato firmado.

Todos nós conhecemos uma ou mais escolas, uma vez que fomos (ou ainda somos) alunos nesses locais ou neles vivenciamos experiências profissionais e/ou pessoais (na condição de professores, pais, pedagogos, diretores, funcionários etc.). Por essa razão, estamos cientes de seus problemas, refletimos sobre eles, formulamos críticas e pensamos em soluções para isso. Esse pequeno exercício é considerado o ponto de partida para o profissional da psicopedagogia.

Na formação do psicopedagogo, é crucial pensar sobre o desenvolvimento da práxis psicopedagógica institucional tomando-se por base vivências escolares como as citadas há pouco. Analisá-las criticamente à luz de dada concepção teórica possibilita uma formação sólida, com a desmistificação de crenças, a superação de preconceitos e conflitos, a construção de conhecimentos novos, a expressão de sentimentos e, sobretudo, uma atitude operativa e a conquista da autonomia.

É fundamental, portanto, na referida intervenção, experienciar a instituição escolar o máximo possível, ou seja, identificar e entender os elementos que elencamos anteriormente (conexões, perspectivas teóricas etc.). Para isso, é preciso conhecer a teoria sistêmica, concepção que examinaremos em detalhes no Capítulo 5.

A ação do psicopedagogo institucional durante a intervenção é cuidadosamente planejada, mas flexível e focada em aspectos particulares da instituição, bem como no estabelecimento de vínculos afetivos com os sujeitos que a integram, para que haja acolhimento, respeito e atenção, o que determina a aceitação das pontuações, interpretações e orientações do referido profissional. Por meio de reflexões coletivas, o psicopedagogo busca alternativas para superar as dificuldades enfrentadas, estimulando, então, a autoria e a consequente autonomia dos componentes do grupo.

Quanto às dificuldades vivenciadas, elas são significativas e de amplo espectro, indo da falta de recursos financeiros (verba pública ou investimentos) à estrutura física insuficiente (existência, manutenção e preservação de espaços etc.), passando ainda por déficits na estrutura organizacional e administrativa; desvalorização, desmotivação, doenças laborais e baixa autoestima de docentes e discentes; conformismo com as situações de fracasso escolar e de não aprendizagem; violência associada à pobreza, à drogadição, à falta de limites e de oportunidades; indisciplina e *bullying*; expectativas e exigências elevadas ou ausentes; formação inicial deficiente e falta de formação continuada de qualidade, entre outras.

Ao psicopedagogo cabe, em síntese, compreender como tais problemáticas somam-se umas às outras e contribuem para a não aprendizagem, bem como promover – sempre com clareza dos limites e das possibilidades de sua atuação profissional – uma intervenção que possibilite superá-las.

4.2
A empresa

A intervenção institucional em contextos empresariais específicos é uma forma de atuação considerada recente em nosso país, embora seja possível encontrar relatos e publicações sobre tais experiências.

Nesse contexto, o psicopedagogo, examinando aspectos cognitivos, afetivos e sociais de diversos indivíduos, preocupa-se com o processo de aprendizagem e intervém quando este se encontra obstaculizado, comprometendo a progressão do trabalho e a eficiência da empresa.

O objeto de estudo é, portanto, a empresa na qualidade de intrincada rede de relações instituídas ao redor de uma tarefa a ser cumprida. Isso diz respeito à alternância dos papéis de ensinante e aprendente efetivada por um grupo de sujeitos no contexto empresarial, o que não difere muito do que ocorre no contexto escolar.

De acordo com Costa (2011), nesse espaço, o psicopedagogo desenvolve sua práxis com a equipe de funcionários e/ou colaboradores nele atuante e suas relações com a aprendizagem, considerando o desempenho deles. Além disso, a referida autora distingue funcionários de colaboradores: os primeiros trabalham para receber a remuneração mensal e não se comprometem com o crescimento da empresa; já os segundos, embora também almejem a remuneração, buscam desenvolver bem suas funções para que cresçam profissionalmente à medida que a empresa também se desenvolve.

Na intervenção institucional, visa-se implementar ações que promovam a superação das dificuldades de aprendizagem e de interação entre os componentes do grupo, a diminuição da fragmentação do trabalho e a compreensão da empresa como sistema dinâmico, em que o todo é mais do que a mera soma das partes, isto é, de seus setores e trabalhadores.

Em outras palavras, para Gasparian (1997), tal intervenção tenciona melhorar as relações e a comunicação entre os sujeitos (consigo mesmo e com os outros) e a empresa, aproximando trabalhadores de diferentes setores, de modo que conheçam suas funções e sua importância no contexto institucional e tornem-se parceiros ou colaboradores nos processos de construção coletiva, ensino e aprendizagem. Tudo isso pode ser estimulado e obtido por meio de palestras, dinâmicas de grupo, grupos operativos, oficinas psicopedagógicas e rodas de conversa, por exemplo.

Grassi (2013b) destaca que esse processo, assim como no contexto escolar, organiza-se com base na análise da estrutura da empresa (fábrica, loja, hospital), geralmente representada por um organograma[2], e das relações consolidadas a partir dela, que podem ser identificadas observando-se atentamente a dinâmica e a temática, ou seja, as ações e os discursos, respectivamente.

Ademais, para se concretizar, a intervenção requer o desejo, a intencionalidade e o comprometimento dos gestores da organização, o que também depende do porte e do tipo de empresa, dos recursos disponíveis, bem como da filosofia e da dinâmica institucionais. Nessa conjuntura, o psicopedagogo

· · · · ·
2   Gráfico representativo da estrutura hierárquica da instituição.

atua vinculado ao Departamento de Recursos Humanos e Gestão de Pessoas dentro das empresas e pode desenvolver programas de treinamento, de desenvolvimento de pessoal ou de formação continuada. Conforme Costa (2011) destaca, ele pode atuar também como gestor de conhecimento, formando uma equipe com profissionais de outras áreas (psicologia, administração, pedagogia, entre outras) e trabalhando conjuntamente para o treinamento e o aperfeiçoamento profissional e, principalmente, para a permanência do colaborador na empresa, valorizando o capital humano, a fim de impulsionar sua evolução em distintos âmbitos.

Há profissionais com formação em psicopedagogia atuando no recrutamento, na seleção, no treinamento e no desenvolvimento de pessoal; na avaliação e no acompanhamento do desempenho; e, ainda, na configuração de planos de cargos e salários, na definição de benefícios e na organização de eventos. Contudo, é fundamental que eles o façam eticamente e sem esquecer seu compromisso com a práxis psicopedagógica, exercendo a função específica de sua profissão.

Focalizando-se novamente a intervenção, cabe mencionar que a recepção de um novo funcionário é um momento importante, no qual o psicopedagogo pode promover seu acolhimento, sua ambientação, seu treinamento, sua adaptação e sua compreensão da dinâmica, dos valores e da visão da empresa (regras, normas, deveres e direitos), agindo como mediador e encaminhando-o para outros setores de acordo com as necessidades constatadas, conforme aponta Costa (2011).

Com relação aos funcionários/colaboradores mais antigos, a formação continuada, o treinamento, o desenvolvimento e o acompanhamento são ações de intervenção transdisciplinares que melhoram as relações, reorganizam setores, reafirmam funções e resgatam o comprometimento do sujeito.

Quando há dificuldades de aprendizagem ou a necessidade de preveni-las, a intervenção psicopedagógica é realizada para equacioná-las ou evitá-las por meio do treinamento e do desenvolvimento de pessoal, bem como do acompanhamento e da formação continuada.

No **treinamento**, visa-se ao aprimoramento de habilidades específicas para o desempenho de uma função, necessárias para sua eficiência ou produtividade, num espaço de tempo curto. No **desenvolvimento**, procura-se ou aperfeiçoar o profissional e suas habilidades para o exercício de uma determinada função com mais eficiência, ou prepará-lo para novas ocupações mais complexas e desafiantes num espaço de tempo maior. Por fim, na **formação continuada**, procura-se ofertar aos funcionários/colaboradores cursos de aperfeiçoamento, formação complementar, continuidade de estudos, bem como treinamentos específicos em outras instituições, com o intuito de melhorar o desempenho e aumentar a produtividade, além de motivar o profissional.

O psicopedagogo também pode desenvolver projetos educacionais no contexto institucional/empresarial, como os programas de continuidade de estudos, alfabetização, concessão de auxílio para cursos de formação específicos, de graduação e pós-graduação, promoção de cursos ou treinamentos internos ou externos e orientação de estágios, *trainees* e jovens aprendizes.

Neste ponto, cabe enfocar um pertinente questionamento evocado durante as intervenções: A empresa investe de fato no sujeito, o respeita e o valoriza, ou apenas o vê como uma peça da engrenagem em movimento e que pode ser substituída a qualquer momento caso não "funcione" a contento? Para Costa (2011, p. 57),

> Investir no ser humano não é apenas dar-lhe um lugar para trabalhar e receber salário, é fazer com que ele se sinta digno, trabalhe pela confiança e pelo respeito que sente pela empresa, e receba o que lhe parece justo pelo que a empresa lhe proporciona enquanto funcionário, colaborador e cidadão.

Também é preciso refletir sobre a função que, na condição de psicopedagogos, exercemos na empresa: Qual é a percepção da instituição acerca de seus funcionários (cidadãos ou peças de engrenagem)? Quais são as expectativas de ambos? A serviço de quem nós estamos e o que esperam de nós? Clarificadas tais questões, é possível intervir de modo eficaz ou reconhecer que ali nossa práxis não se desenvolverá. Uma última questão soma-se a isso: Quando somos funcionários/colaboradores ou assessores, o que determina os limites e as possibilidades da intervenção psicopedagógica?

O âmbito empresarial tem-se ampliado progressivamente para a atuação da psicopedagogia, reconhecendo sua contribuição e sua pertinência. No entanto, ainda é limitante e nem sempre compreende o papel dos psicopedagogos, obstando uma prática crítica, autônoma e autoral.

4.3
O hospital

A maior percepção da relevância dos processos de ensino e aprendizagem no contexto hospitalar tem contribuído para a ampliação da atuação psicopedagógica em hospitais.

Na intervenção clínica, a práxis psicopedagógica organiza-se conforme descrevemos nos Capítulos de 1 a 3, porém considera aspectos específicos da situação de internação – tempo, tratamentos médicos, administração de medicações, limitações decorrentes de doenças ou intercorrências, faixa etária das pessoas e situação escolar.

Já na intervenção institucional, o hospital é visto como uma instituição/empresa. Assim, empreende-se um trabalho preventivo e terapêutico baseado nas aprendizagens/ensinagens ali promovidas e nas demandas particulares do lugar elencadas na diagnose.

Embora apresente caráter empresarial, o hospital também conserva o teor humano. Por isso, deve-se intervir mediando e suscitando reflexões críticas a respeito das incumbências da instituição, de sua organização sistêmica e de seus elementos, para estimular e materializar mudanças.

Nessa conjuntura, interagem profissionais já formados, profissionais em formação, pacientes e seus familiares, tecendo um emaranhado de relações caracterizadas pelos aspectos de urgência e emergência, vida e morte, saúde e doença, objetividade e subjetividade, aprender e ensinar. Para a compreensão dessas interações, a visão sistêmica contribui enormemente.

Tanto o hospital em si quanto os indivíduos que o constituem têm subjetividade e história. Coletivamente, desempenham tarefas, delineiam a trajetória da instituição, coordenam pesquisas e constroem conhecimentos. Contudo, também aqui há adversidades, algumas provocadas pelo macrossistema representado pelas políticas de saúde e pela legislação, que normatizam e limitam as ações e oportunidades de intervenção desses profissionais.

4.4
A família

Uma vez que há a inter-relação[3] entre família, comunidade e outras instituições que os sujeitos integram, na intervenção psicopedagógica institucional também é preciso considerar esses subsistemas, sobretudo porque, assim como a escola, a família é um espaço no qual desenvolvimento e aprendizagem acontecem. Nesse e em outros contextos, o ser humano, independentemente de sua idade, forma-se mediante a construção de relações e de diálogos complexos e fundamentais.

Ao nascer, a criança se depara com um mecanismo em funcionamento que antecede seu nascimento e é formado por duas famílias, das quais passará a fazer parte: a materna e a paterna, cujas vivências e histórias são anteriores às desse

-----
3   A teoria sistêmica, de que trataremos adiante, auxilia na compreensão dessa inter-relação e fornece fundamentos para a práxis psicopedagógica institucional.

novo indivíduo; e nisso residem expectativas, desejos e mitos a ele referentes.

Acerca disso, Haberkorn (2004, p. 161) observa: "A criança torna-se filho quando seus pais lhe conferem e legitimam o pertencimento ao seu grupo familiar. Pertencer significa compartilhar normas, mitos e mandatos determinados transgeracionalmente e incorporados pelo sistema familiar, tornando-o singular, único". Para que a criança se constitua em sujeito desejante, precisa pertencer ao grupo familiar e, também, dele se diferenciar, o que transcorre em determinado tempo histórico, o qual a caracteriza e é marcado pela cultura e pela sociedade nas quais se insere, ou seja, por valores, costumes, regras, normas e hábitos específicos.

Aqui a família é entendida como subsistema de um macrossistema, a sociedade; no entanto, é importante considerar que tal grupo também se ramifica em outros: casal, filial, parental, fraternal, familiar paternal e familiar maternal. A interação entre esses subsistemas os particulariza e determina seus modos de funcionamento e as relações de seus componentes entre si e com o próprio macrossistema.

Conceber a família como sistema pressupõe compreender as transformações por que passou historicamente e que determinaram sua configuração atual e suas singularidades no contexto sociocultural brasileiro, a saber: as funções das figuras paterna e materna no cotidiano familiar; as mudanças nos papéis sociais e profissionais desempenhados por homens e mulheres; as expectativas em relação à criança e ao seu desenvolvimento; a modificação de seu papel social; e a garantia de seus direitos por legislação específica.

Em virtude dessas mudanças, na atualidade, a família nuclear tradicional – formada pelo pai (trabalhador e provedor), pela mãe (cuidadora e educadora), casados, e pelos filhos – cedeu lugar a estruturas distintas, o que define um amplo espectro relacional, como: mãe provedora e pai cuidador; duas mães ou dois pais (casais homoafetivos); apenas mãe; apenas pai; mãe e pai divorciados e filhos de outras relações; avós que criam os netos como filhos; casais ou pais solteiros com filhos adotivos.

À proporção que se criam demandas sociais, inéditas configurações familiares, a instituição escolar também passa por alterações para ser capaz de atender às novas necessidades dos alunos, adaptando-se e ressignificando-se. Isso porque a escola participa do cotidiano familiar, e a família, do cotidiano escolar. Portanto, são subsistemas que dialogam por meio da figura do aluno/filho, indivíduo que circula nos dois espaços, constituindo-os nos diferentes estágios de sua vida.

Haberkorn (2004) menciona que há uma relação mítica entre famílias nuclear e de origem paterna/materna e instituições escolares; estas presentes no imaginário coletivo como representação e referência social. Nessa direção, existem expectativas e mitos no tocante à escolarização, à aprendizagem e ao desenvolvimento dos discentes, que podem ser ressignificados e atualizados mediante o diálogo entre essas duas instituições.

Diante disso, o psicopedagogo, tanto na intervenção institucional quanto na clínica, uma vez que a família se faz presente nesses dois contextos, deve ter olhar e escuta atentos e apurados para examinar a dinâmica familiar e a interação entre a família e a escola. Assim, esse profissional deve analisar e mediar as inter-relações vivenciadas pela família e por vezes intervir de modo individualizado – quando encaminhamentos para atendimentos psicológicos (terapia familiar) são indicados –, a fim de assegurar a superação dos obstáculos e das dificuldades que impedem a apropriação de conhecimentos por parte da criança/adolescente.

4.5
O assessoramento e a pesquisa

No Brasil, como relembra Oliveira (2009), a psicopedagogia ainda não foi regulamentada como profissão. Por isso, os profissionais da área são contratados considerando-se suas titulações de graduações já regulamentadas, mesmo que tenham formação específica, seja graduação, seja especialização. Logo, como já apontamos, podem ou ter vínculo empregatício, ou atuar como assessores em determinados projetos/trabalhos, sem vínculo.

No fazer diário, o assessor psicopedagógico encontra algumas vantagens em comparação com o psicopedagogo funcionário da instituição (escola, hospital ou demais empresas). Entre elas, Grassi (2013b) destaca a ausência de vínculo empregatício, que facilita as relações entre o profissional e o sujeito (indivíduo ou instituição), proporciona independência entre ele e os componentes da instituição, possibilita um olhar e uma escuta comprometidos eticamente com a psicopedagogia e, consequentemente, com os processos de ensinagem e aprendizagem. Já para Oliveira (2009), a vantagem da assessoria reside no fato de o profissional conseguir guardar uma distância que lhe permite transitar pelo grupo/instituição com maior autonomia, observando, escutando e hipotetizando, para então intervir de modo operativo.

Em contrapartida, quando o psicopedagogo é funcionário da instituição, ele é parte do sistema e de sua dinâmica, o que pode distorcer sua percepção sobre as interações, as dificuldades enfrentadas e acerca de si mesmo. Isso, segundo Oliveira (2009, p. 40), "o impede de ter uma distância suficientemente adequada para distinguir, no funcionamento do grupo, o que é seu, o que é do grupo ou ainda o que é resultado do funcionamento grupal".

Em nossa perspectiva, portanto, tal afastamento é fundamental para compreender a dinâmica grupal e proceder à intervenção psicopedagógica por meio das interpretações necessárias em uma atuação operativa.

O trabalho psicopedagógico requer o desenvolvimento de pesquisas e conserva um espaço especial para a autoria, questão basilar para o exercício criativo da práxis psicopedagógica. Em outras palavras, embora se possa contar, nos processos de avaliação e intervenção psicopedagógica, com uma série de materiais, instrumentos e recursos já consolidados, fundamentados principalmente pela epistemologia convergente, nesse cenário, há espaço para a criação e o aprimoramento de outros recursos e instrumentos com base nas experiências do profissional e nas necessidades dos aprendizes.

Como antes esclarecemos, a avaliação e a intervenção psicopedagógica configuram-se como uma pesquisa sobre um ou mais sujeitos (indivíduo, grupo ou instituição) na qual são levantados dados diversos (modalidades de aprendizagem, diálogos, vínculos, habilidades, interesses etc.). Nesse sentido, elaborar instrumentos que possibilitem conhecer melhor esse sujeito e intervir para superar ou prevenir dificuldades, promovendo aprendizagem, é uma forma de atuação que contribui para o enriquecimento e a consolidação da psicopedagogia.

Produzir conhecimentos novos, divulgar a práxis psicopedagógica clínica e institucional, formar outros profissionais, coordenar cursos, orientar estágios, supervisionar profissionais em formação, bem como acompanhar processos de aprendizagem mediante orientação, reorganização e adaptação de estudos, atividades, materiais e rotina escolar, também são possibilidades de atuação psicopedagógica.

Síntese

Neste capítulo, apresentamos a psicopedagogia institucional, abordando os espaços e/ou contextos em que a atuação institucional acontece: a escola, a empresa, o hospital, a família, o assessoramento e a pesquisa. Além disso, destacamos a necessidade de compreender o foco desse trabalho psicopedagógico – as relações, independentemente da conjuntura em que estas se edificam, entre os sujeitos que formam os distintos subsistemas e sua complexidade – e os movimentos que tal intervenção pressupõe – os atendimentos preventivo e terapêutico.

Vimos que a práxis psicopedagógica institucional, que é resultado de demandas recentes, está em processo de construção e que, tomando-se como base a práxis psicopedagógica clínica e nas dificuldades que esta enfrenta, foi delineado um novo campo de intervenção institucional: a escola.

Posteriormente, pouco a pouco, esse novo viés de atuação passou a abarcar as empresas, os hospitais, entre outras organizações.

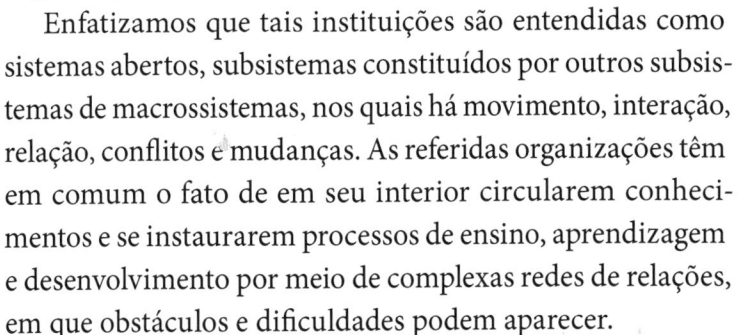

Enfatizamos que tais instituições são entendidas como sistemas abertos, subsistemas constituídos por outros subsistemas de macrossistemas, nos quais há movimento, interação, relação, conflitos e mudanças. As referidas organizações têm em comum o fato de em seu interior circularem conhecimentos e se instaurarem processos de ensino, aprendizagem e desenvolvimento por meio de complexas redes de relações, em que obstáculos e dificuldades podem aparecer.

Verificamos, neste capítulo, que a família também é um sistema. Ela se relaciona com a escola e a sociedade e, ao longo do tempo, sofreu transformações que determinaram, na atualidade, novas configurações. Nesse contexto, a criança, como sujeito em desenvolvimento, precisa pertencer à família, mas também se diferenciar dela, constituindo-se em sujeito desejante, independente e autônomo; esse processo complexo é marcado pelas relações estabelecidas em outros subsistemas, como a escola.

Indicações culturais

Livros

CAMPOS, M. C. R. M. (Org.). **Atuação em psicopedagogia institucional**. Rio de Janeiro: Wak, 2015.
Os autores desse livro relatam experiências de atuação institucional, ampliando a reflexão sobre a práxis psicopedagógica em variadas faixas etárias.

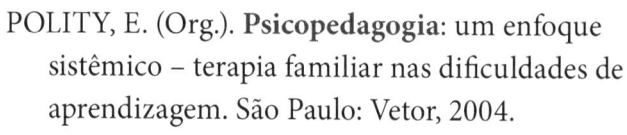

POLITY, E. (Org.). **Psicopedagogia**: um enfoque sistêmico – terapia familiar nas dificuldades de aprendizagem. São Paulo: Vetor, 2004.

As autoras discutem, com base em suas experiências, questões importantes em relação ao trabalho psicopedagógico institucional, sobretudo o papel vital da família na intervenção.

Filmes

COMO ESTRELAS na Terra, toda criança é especial. Direção: Aamir Khan. Índia, 2007. 175 min.

O longa narra a história de um menino com dificuldades de aprendizagem, a relação de sua família com ele e com a não aprendizagem, os encaminhamentos das instituições escolares diante dessa problemática e, ainda, o trabalho desenvolvido por um professor em especial, que, alterando as estratégias, promove mudanças significativas na relação do aprendiz com o conhecimento e consigo mesmo.

ESCRITORES da liberdade. Direção: Richard LaGravenese. EUA: Paramount Pictures, 2007. 123 min.

Esse filme aborda a chegada de uma nova professora a uma escola repleta de problemas. Adotando práticas pedagógicas diferenciadas, ela melhora as relações entre os alunos e o conhecimento e, assim, possibilita que aprendam de fato.

NENHUM a menos. Direção: Zhang Yimou. China, 1999. 106 min.
O longa retrata os problemas de uma escola em uma aldeia chinesa e a luta de uma adolescente, que está substituindo o professor, para não perder nenhum aluno. Mostra as mudanças que ela e seus alunos sofrem no processo que vivenciam juntos. É um belo filme e suscita uma rica reflexão sobre a escola e a sociedade.

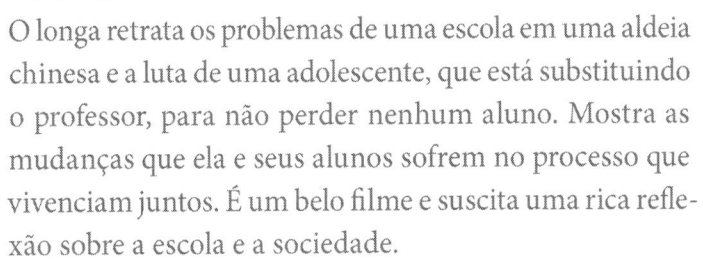

PRO DIA nascer feliz. Direção: João Jardim. Brasil: Copacabana, 2005. 88 min.
Esse documentário apresenta escolas brasileiras de norte a sul, públicas e privadas, para fomentar uma análise crítica da realidade educacional, dos problemas individuais, coletivos, estruturais, familiares, financeiros, pedagógicos, de aprendizagem, sociais, políticos, entre outros. Aborda, assim, os dramas pessoais e grupais vivenciados por professores e alunos brasileiros.

Atividades de autoavaliação

1. Com relação à psicopedagogia institucional, assinale a alternativa correta:
   a) A psicopedagogia institucional procura compreender a complexa rede de relações que se estabelece nos contextos em que os sujeitos aprendentes e ensinantes circulam, ou seja, a escola, a empresa, o hospital, a família e a comunidade.
   b) A psicopedagogia institucional trabalha com avaliação e intervenção psicopedagógica exclusivamente no âmbito educacional.

c) A intervenção psicopedagógica institucional caracteriza-se como trabalho exclusivamente terapêutico.
d) Na intervenção psicopedagógica institucional, com fundamento na epistemologia convergente, são utilizados diversos recursos individuais.
e) Na psicopedagogia institucional, compreende-se a não aprendizagem como sintoma de problemas individuais agravados por questões emocionais.

2. Com relação ao trabalho psicopedagógico na instituição escolar, assinale V (verdadeiro) ou F (falso) nas afirmativas a seguir.
   ( ) A intervenção psicopedagógica institucional tem como principal campo de atuação as instituições escolares, onde os processos de ensinar e aprender se desenvolvem.
   ( ) A dinâmica relacional que se estabelece no contexto escolar é complexa e marcada por possibilidades e limites.
   ( ) A instituição escolar está formalmente organizada, constituindo um sistema independente e com uma estrutura administrativa regida por regras e normas internas específicas.
   ( ) Na intervenção psicopedagógica institucional, é fundamental conhecer a instituição escolar: sua estrutura, seu funcionamento, sua organização, seus componentes e suas relações, e a teoria psicanalítica é a que melhor oferece subsídios para isso.
   ( ) A intervenção institucional no espaço escolar caracteriza-se como uma ação cuidadosamente planejada que considera as necessidades da instituição e de seus componentes.

Agora, marque a alternativa que apresenta a sequência correta:

a) V, F, V, F, V.
b) F, F, V, V, F.
c) V, V, F, F, V.
d) F, V, F, V, F.
e) V, F, F, V, V.

3. Com relação à intervenção institucional no espaço da empresa, leia as afirmativas a seguir.

   I) Na intervenção psicopedagógica institucional no âmbito empresarial, consideram-se o processo de aprendizagem (aspectos cognitivos, afetivos e sociais) e a presença de obstáculos que comprometem o desenvolvimento do trabalho e a eficiência da empresa.

   II) Há na intervenção institucional liberdade de ação para o psicopedagogo, que, após a avaliação, recebe carta branca para implementar ações que otimizem a eficiência da empresa.

   III) A intervenção institucional é um processo que visa, após a avaliação dos funcionários, treinar os que têm potencial para desenvolver-se e aperfeiçoar-se e desligar aqueles que apresentam dificuldades.

   IV) O psicopedagogo que empreende a intervenção institucional trabalha no Departamento de Recursos Humanos, acompanhando a rotina administrativa do setor, orientando a organização documental, a admissão e a demissão de funcionários.

v) A intervenção institucional pode ocorrer mediante ações como treinamento e desenvolvimento de pessoal e formação continuada, de modo a prevenir dificuldades e equacionar as já existentes.

Está correto o que se afirma em:

a) IV, apenas.
b) II, III e V.
c) I, II, III e IV.
d) I, II, III, IV e V.
e) I e V.

4. Na psicopedagogia institucional, o profissional pode ser um funcionário da instituição, contratado para exercer essa função, ou pode ser um assessor ou consultor, contratado especificamente para a avaliação e/ou para a intervenção psicopedagógica.

A seguir, relacione cada forma de atuação às respectivas especificidades.

1) Psicopedagogo como funcionário da instituição
2) Psicopedagogo como assessor ou consultor psicopedagógico

( ) Faz parte do sistema e dos sintomas que ali se manifestam.
( ) É um componente do grupo com vínculos já estabelecidos.

( ) Sua autonomia lhe possibilita avaliar e intervir com maior distanciamento.
( ) A ausência de vínculo empregatício facilita as relações.
( ) Olhar e escuta comprometidos eticamente com a psicopedagogia.
( ) Existe maior dependência em relação aos componentes da instituição.

Agora, marque a alternativa que apresenta a sequência correta:

a) 1, 1, 2, 2, 2, 1.
b) 2, 2, 1, 1, 1, 2.
c) 1, 2, 1, 2, 1, 2.
d) 1, 2, 1, 1, 1, 2.
e) 2, 1, 2, 1, 2, 1.

5. Assinale a alternativa que indica a tarefa do psicopedagogo no processo de intervenção institucional:
   a) Administrar conflitos entre gestores e funcionários.
   b) Orientar professores na elaboração de planejamentos pedagógicos.
   c) Executar funções administrativas para otimizar o tempo.
   d) Criar espaços de aprendizagem e melhorar relações.
   e) Tratar problemas emocionais, evitando que se intensifiquem.

Atividades de aprendizagem

Questões para reflexão

1. Pesquise sobre o trabalho de intervenção psicopedagógica institucional realizado em hospitais. Para isso, consulte livros, artigos, *sites* da internet ou entreviste profissionais da área. Com base nos dados coletados, escreva um artigo sobre o assunto e compartilhe-o com seus colegas via fórum de discussão.

2. Pesquise sobre a história da instituição familiar e, em uma linha do tempo, apresente os marcos situacionais que alteraram a estrutura da família no Brasil, refletindo sobre cada um deles.

Atividade aplicada: prática

1. Em escolas, empresas ou outras instituições, entreviste diferentes profissionais sobre o trabalho institucional: Eles o conhecem? Em suas organizações, há psicopedagogos atuando? Se sim, qual vínculo eles têm com a instituição e quais funções desempenham? Acerca disso, entreviste psicopedagogos e complemente sua coleta de dados com uma pesquisa sobre o tema. Por fim, em um *podcast*, discuta as informações obtidas e as conclusões que suscitam.

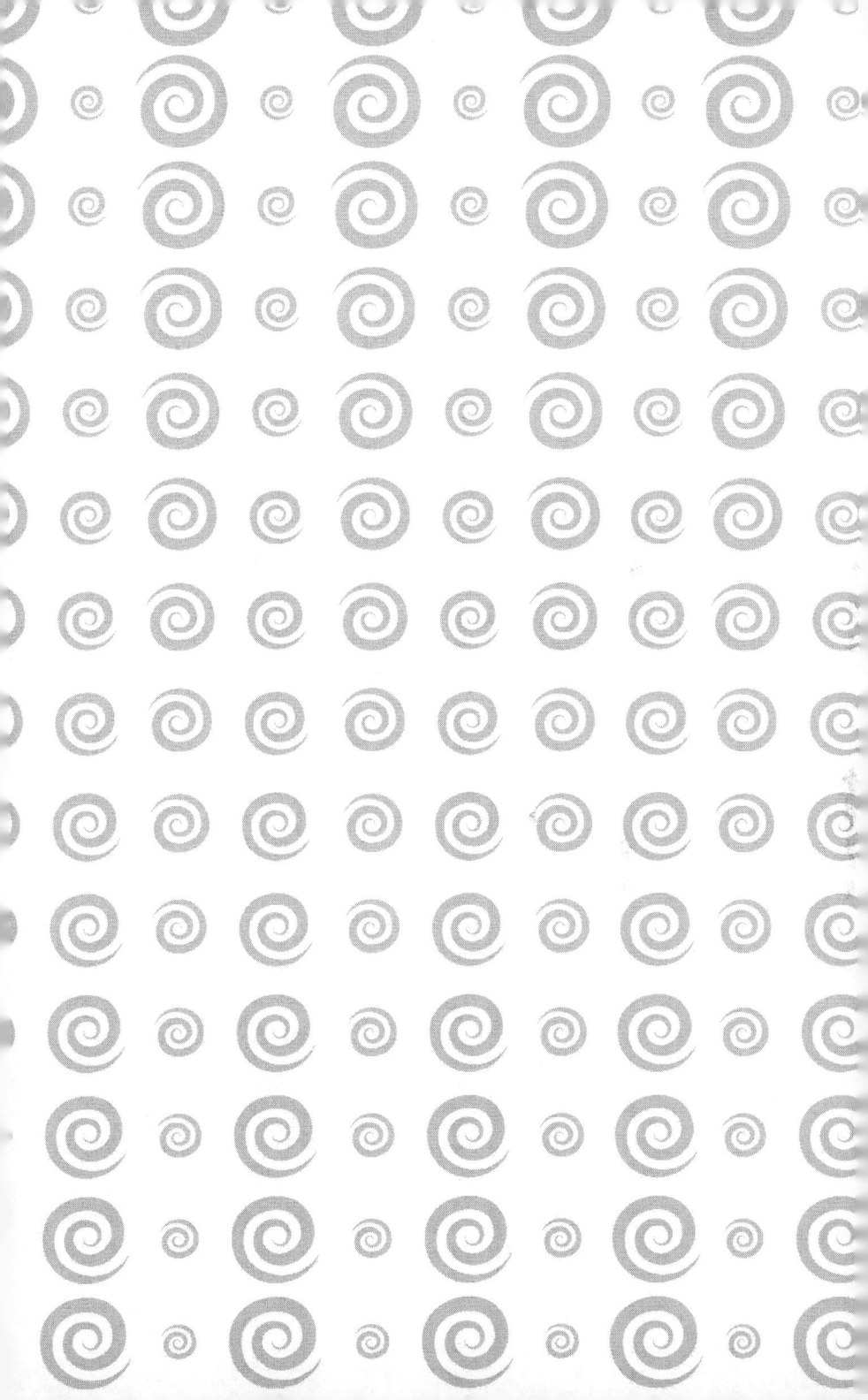

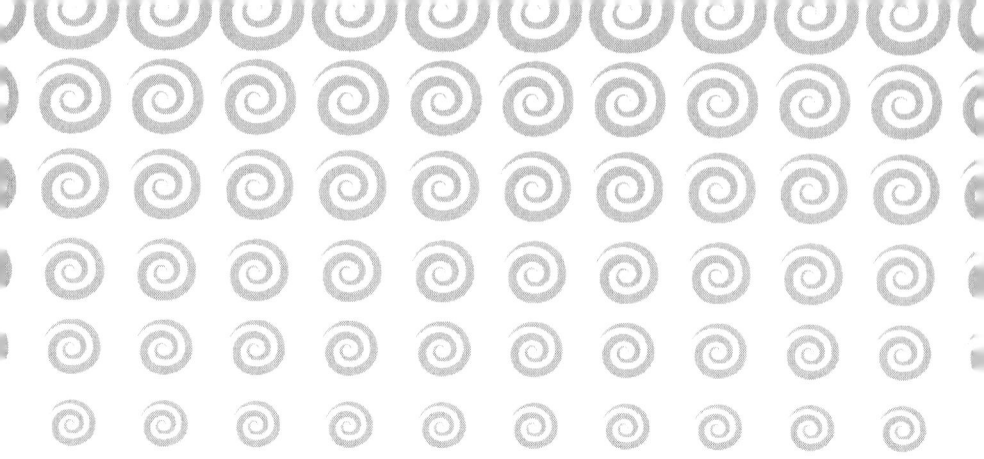

5
Níveis de intervenção psicopedagógica institucional: múltiplos olhares

A intervenção psicopedagógica institucional fundamenta-se em relevantes teorias e é por elas orientada. Essas perspectivas, ao longo da constituição da psicopedagogia institucional, configuraram uma base teórica específica, consolidando de modo particular a práxis desse campo.

Logo, é impossível pensar nesse tipo de atuação sem considerar a teoria sistêmica, a epistemologia convergente, a psicologia social, a teoria da comunicação e a mediação simbólica descrita tanto pela psicologia histórico-cultural quanto pela teoria da modificabilidade estrutural cognitiva – vertentes de pensamento já abordadas no Capítulo 1.

A psicopedagogia tem origem, estruturação e fundamentação na convergência dos conhecimentos dessas diferentes teorias. Neste capítulo, apresentaremos as principais, para que você compreenda como respaldam os trabalhos psicopedagógicos institucionais preventivo e terapêutico.

5.1
A visão sistêmica

A visão sistêmica, cujos alicerces são a teoria geral dos sistemas, a cibernética e a teoria da comunicação, possibilita tomar consciência da inter-relação e da interdependência entre os fenômenos. Seu objeto de estudo é a rede de relações que se instauram nos espaços em que os sujeitos transitam, os quais podem ser intergrupais, intragrupais e transgrupais (Haberkorn, 2004).

Essa vertente concebe o mundo de forma relacional, isto é, composto por sistemas e subsistemas (macros e micros), que são totalidades integradas. Dessa forma, substitui-se a ideia de **causalidade linear** pela de **circularidade**, segundo a qual os componentes de um sistema influenciam-se mutuamente.

Para melhor entender essa perspectiva, é preciso antes conceituar **sistema**. Conforme Chiavenato (1993, p. 692), sistema "é um conjunto de elementos dinamicamente relacionados entre si, formando uma atividade para atingir um objetivo, operando sobre entradas […] e fornecendo saídas". Por sua vez, Gasparian (1997, p. 27) o define como um "conjunto de elementos materiais ou não, que dependem reciprocamente uns dos outros, de maneira a formar um todo organizado". Ambas as definições citadas baseiam-se na teoria geral dos sistemas de Ludwig von Bertalanffy[1] e na cibernética[2] de Norbert Wiener, que, posteriormente, influenciaram autores como Gregory Bateson, dando origem à teoria relacional sistêmica e servindo também de alicerce à terapia familiar sistêmica.

Por um lado, em 1948, Wiener publicou um livro em que apresenta a teoria cibernética e os conceitos de retroação (circularidade) e informação dos sistemas tecnológicos para os sistemas biológicos e sociais. A cibernética é, como afirmou Bertalanffy (2013), uma teoria dos mecanismos de controle dos sistemas autorreguladores.

Por outro lado, Bertalanffy (2013), opondo-se ao mecanicismo das ciências em meados da década de 1920, desenvolveu a noção de que os organismos vivos, ou seja, os sistemas, são abertos e efetuam trocas contínuas com o meio ambiente, a fim de se manterem vivos (*input* e *output*).

Nessa direção, as instituições são, como destaca Gasparian (1997), sistemas abertos, cuja organização é controlada pela informação e mantida pela energia. No interior delas, em que

• • • • •
1   Ludwig von Bertalanffy foi um cientista e biólogo austríaco, responsável pela criação da teoria geral dos sistemas. Para aprofundar os conhecimentos acerca dessa vertente, sugerimos a leitura de Bertalanffy (2013).

2   "Teoria dos sistemas de controle baseada na comunicação entre o sistema, o meio, o interior do próprio sistema e do controle da função nos sistemas, no que diz respeito ao ambiente" (Gasparian, 1997, p. 27).

há entradas e saídas, deslocam-se e interagem seus elementos e os componentes de outros sistemas e subsistemas. Cria-se, assim, uma complexa rede de relações, que compartilha e movimenta informações (*feedbacks*, o que permite eventuais ajustes), energia e matéria e na qual as ações e os comportamentos dos sujeitos impactam seus pares, e vice-versa. Aqui, também adotamos essa perspectiva, ou seja, entendemos as instituições, objetos de estudo da psicopedagogia institucional e da intervenção psicopedagógica, como sistemas abertos.

Gasparian (1997) identifica ainda as propriedades dos sistemas abertos, a saber: globalidade, retroalimentação, homeostase e equifinalidade.

A **globalidade** diz respeito ao fato de o sistema ser uma totalidade, ou seja, todas as partes deste se relacionam reciprocamente, de maneira que possíveis mudanças em uma delas repercutirão nas outras e no sistema como um todo. Com base nisso, podemos entender que o sistema configura-se como um todo organizado, coeso e interdependente, e não como a mera soma de suas partes.

Quanto à **retroalimentação** (*feedback*), os componentes do sistema organizam-se de forma interdependente numa relação circular, em que os movimentos de todos os elementos do processo são executados conjuntamente. Esse princípio considera a relação entre causa e efeito como causalidade circular, e não como causalidade linear, o que implica entender que o todo não tem começo nem fim, que os sintomas/problemas precisam ser analisados e considerados no processo, tendo em vista as relações, as informações e a ordenação de seus elementos.

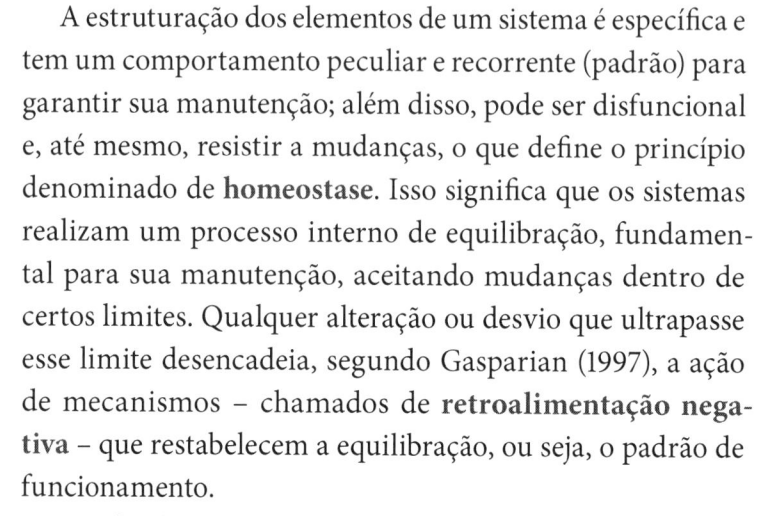

A estruturação dos elementos de um sistema é específica e tem um comportamento peculiar e recorrente (padrão) para garantir sua manutenção; além disso, pode ser disfuncional e, até mesmo, resistir a mudanças, o que define o princípio denominado de **homeostase**. Isso significa que os sistemas realizam um processo interno de equilibração, fundamental para sua manutenção, aceitando mudanças dentro de certos limites. Qualquer alteração ou desvio que ultrapasse esse limite desencadeia, segundo Gasparian (1997), a ação de mecanismos – chamados de **retroalimentação negativa** – que restabelecem a equilibração, ou seja, o padrão de funcionamento.

A referida autora menciona também o conceito de **transformação**, concernente à necessidade de mudanças estruturais em um sistema por intermédio da **retroalimentação positiva**. Tais alterações ampliam os desvios nos padrões relacionais que o sistema resiste a modificar, o que permite e suscita rearranjos estruturais.

Por fim, com relação à **equifinalidade**, Gasparian (1997, p. 33) explica que "em qualquer sistema comportamentos diferentes podem levar à mesma consequência". E complementa: "os mesmos resultados podem derivar de condições iniciais diferentes e resultados diversos podem advir de circunstâncias semelhantes, o que indica que os parâmetros do sistema predominam sobre as condições iniciais" (Gasparian, 1997, p. 33). Logo, os resultados são determinados pelo processo, e não pelas condições iniciais do sistema.

Quanto à teoria da comunicação e/ou informação, consideramos fundamental reconhecer sua contribuição para a compreensão da complexidade das relações humanas.

De acordo com Goulart (2007), a comunicação/informação efetiva-se no interior dos sistemas e entre os sistemas e o meio ambiente de maneira funcional ou disfuncional. Os sujeitos (elementos) que constituem os sistemas relacionam-se entre si e com elementos de outros sistemas (meio ambiente), comunicando-se por meio das linguagens verbal (oral e escrita) e não verbal (expressão corporal e gestual).

Nessas interações, uma série de mensagens (conhecimentos, atitudes, pensamentos e sentimentos) é trocada entre os indivíduos numa causalidade circular, isto é, ocorre uma circulação de estímulos, resultando num processo contínuo de retroalimentação e busca da homeostase.

Quando a comunicação acontece de modo disfuncional, ocasiona dificuldades, problemas e conflitos, denominados de *ruídos*, ou seja, perturbações que dificultam a compreensão das mensagens, levando a distorções decorrentes de fatores objetivos (linguagem, escrita) e subjetivos (sentimentos e emoções).

A visão sistêmica norteia a práxis psicopedagógica institucional ao proporcionar elementos de análise que expandem o olhar e a escuta psicopedagógicos, direcionando-os para as interações e as inter-relações entre os sujeitos, os grupos, o conhecimento, o meio ambiente e os sistemas – microssistema[3], mesossistema[4], exossistema[5] e macrossistema[6], conforme a classificação de níveis ecológicos apresentada por Bronfenbrenner (2011).

Importante!

Gasparian (1997, p. 25-26) elenca, ainda, aspectos relevantes para o profundo entendimento do **pensamento sistêmico**, a saber:

- As instituições são sistemas abertos – mas podem também ser fechados –, complexos, em processo evolutivo, compostos por elementos que se inter-relacionam e que só podem ser considerados com base nessa intrincada rede de relações.
- Nos sistemas abertos, há um movimento de entrada e saída de elementos (energia, informação, matéria-prima) através das fronteiras, convertendo-se em trocas com o meio ambiente.
- As partes dos sistemas estão inter-relacionadas de modo a formar um todo integrado que é "mais do que a soma

---

[3] Sujeito/instituição/grupo em atividade num ambiente e tempo específicos.

[4] Conjunto de microssistemas com os quais o sujeito interage nos ambientes em que está inserido e num determinado momento da vida (escola, família, trabalho etc.).

[5] Constituído pelos ambientes em que o sujeito não está inserido, mas que nele exercem influência indireta (trabalho dos familiares, grupos de amigos de familiares).

[6] Referente a sistemas amplos que englobam outros subsistemas: cultura, valores, sociedade, sistema educacional, políticas públicas e sistema político.

dessas partes", uma teia de relações que é dinâmica, interdependente e harmônica.
- Os sistemas organizam-se para cumprir funções e atingir objetivos específicos.
- A descrição de um indivíduo leva em conta a rede de relações de que participa; logo, não há "hierarquia nem alicerces".
- A compreensão do processo de conhecimento – epistemologia – deve integrar as ciências.
- A ciência não nos possibilita o entendimento total e definitivo dos fenômenos, uma vez que estes estão em movimento e em transformação.
- Os sistemas operam funcional ou disfuncionalmente e é preciso analisar os conflitos e as dificuldades que os subjazem e os ruídos que produzem.
- O processo de avaliação examina todos os elementos que se inter-relacionam nos processos de ensino-aprendizagem e desenvolvimento.
- Os sistemas disfuncionais resistem a mudanças; portanto, é preciso propor uma intervenção que considere essa questão.
- O processo de intervenção promove a retroalimentação positiva, levando a transformações estruturais.

Uma práxis psicopedagógica institucional fundamentada no pensamento sistêmico procura, em síntese, construir relações colaborativas, de forma que as mudanças decorram destas e, por consequência, sejam fruto de um trabalho coletivo.

5.2
A epistemologia convergente

A epistemologia convergente, vertente que concebe a aprendizagem como construção psicossocial e busca compreender os processos de ensinar e aprender, foi proposta por Jorge Visca.

Para Visca (2015), a categoria *sujeito* engloba um indivíduo, um grupo, uma instituição e uma comunidade aprendentes. Desse modo, as instituições, independentemente da natureza de suas ações, fazem parte de uma comunidade com hábitos, costumes e cultura específicos, apresentam uma estrutura e são compostas por grupos, que, por sua vez, são constituídos por pessoas, as quais têm suas individualidades. Em razão disso, a atuação psicopedagógica no âmbito institucional enfoca a aprendizagem e sua inter-relação nos níveis individual, grupal, comunitário e cultural.

Intervir nesse âmbito é uma ação complexa, visto que exige considerar todos os elementos aí envolvidos: cultura, concepção (de mundo, educação, trabalho etc.), objetivos, história, comunidade, organização, grupos e pessoas. Assim como a avaliação psicopedagógica, a intervenção leva em conta as dimensões do conhecimento, da interação, do funcionamento e da estrutura.

A **dimensão do conhecimento** diz respeito ao saber necessário para a organização da instituição e seu desenvolvimento/evolução, sendo fundamental compreender como o conhecimento é visto e valorizado no espaço institucional, como circula e como é utilizado. A análise dessa dimensão propicia dados sobre o grau de aprofundamento dos conhecimentos, a coerência e as contradições entre discurso e prática cotidiana, bem como sobre a presença ou ausência de espaço para a reflexão e a formação continuada (Barbosa, 2001).

Quanto à **dimensão da interação**, segundo Barbosa (2001), refere-se ao modo como os sujeitos interagem para executar suas tarefas e atingir os objetivos propostos, ao seu papel (função) na concretização disso, aos vínculos afetivos com a aprendizagem – presentes nas dinâmicas grupais, podem ser integrados, dissociados ou confusionais e tornar-se ou não um obstáculo –, ao interesse na ou pela realização da tarefa, à qualidade da comunicação subjetiva (tom de voz, gestos, grau de dependência e de valorização etc.) e à utilização do tempo.

Com relação à **dimensão do funcionamento**, trata-se de como a instituição está organizada: normas, regras, papéis, planejamento, métodos, técnicas, objetivos, grau de filiação, pertencimento, cooperação e eficiência.

No que concerne à **dimensão da estrutura**, pode ser compreendida mediante a análise do organograma da organização, que, em geral, descreve: hierarquia, relações determinadas pelas funções e atribuições, grupo horizontal (mesmo nível hierárquico), grupo vertical (nível hierárquico diferente, mas com iguais atribuições) e grupo oblíquo (vários níveis hierárquicos e atribuições diferentes), plano de ação, gestão, estrutura física, entre outros aspectos.

Essas quatro dimensões são interdependentes e articulam-se de maneira dinâmica, oferecendo indicativos importantes para que se possa conhecer a instituição, analisar o processo de aprendizagem em movimento no seu interior e detectar obstáculos que podem nele interferir.

5.3
A psicologia social: Pichon-Rivière[7]

A psicologia social – cujos objetos de estudo são o sujeito e as relações que estabelece em seu cotidiano, ao qual se direciona um olhar crítico – considera que indivíduo e sociedade não podem ser pensados em separado. Sob essa ótica, não há distinção entre eles, já que a sociedade se encontra internalizada no sujeito – o que ocorre de forma particular para cada pessoa –, assim como não há distinção entre corpo, mente e ambiente, pois, enquanto se movimenta, o sujeito se configura como uma totalidade em transformação num campo espaço-temporal também móvel.

Desse modo, o meio ambiente (mundo exterior) está representado internamente no sujeito como microcosmo e externamente como macrocosmo. As funções psicológicas superiores (como o pensamento) são representações individuais de como cada pessoa recebe os estímulos externos (sociedade /cultura) e os processa segundo sua história, a forma como o meio atua sobre ela e ela atua sobre o meio (reciprocidade).

Em outras palavras, há uma relação intrínseca entre o sujeito e a sociedade em que se insere, de modo que aquele é

• • • • •
7   Enrique Pichon-Rivière foi o fundador da escola da psicologia social da Argentina, em 1967. Suas experiências como médico de um hospital psiquiátrico o estimularam a desenvolver um trabalho em grupo para capacitar os enfermeiros que atendiam os pacientes (Velloso; Meireles, 2007).

uma representação do que capta desta, de acordo com suas características individuais, sua trajetória de vida, as consequências da ação do meio sobre si próprio, e vice-versa. Por conseguinte, uma vez que os fenômenos manifestados e observados no trabalho psicopedagógico têm sua história no sujeito (indivíduo, grupo, instituição), não é possível separá-lo do meio social.

Para entender a teoria do suíço Enrique Pichon-Rivière, alguns conceitos são essenciais e ajudam tanto a fundamentar a práxis psicopedagógica quanto a melhor compreender sujeitos (aprendentes e ensinantes), interações, vínculos e instituições.

Na psicologia social, o **vínculo** é um conceito central, pois é por natureza social, ou seja, por meio das relações entre sujeitos (mesmo que seja apenas um), ocorre a repetição da história vincular deles em um determinado tempo e espaço.

Em uma relação (com objetos – pessoas, conhecimentos, coisas), há um sujeito (ou mais) e sua personalidade, sua história, sua estrutura, seu aparelho psíquico, seus desejos, suas expectativas e suas particularidades; a forma como ele interage com o outro é particular, diferenciando-se conforme o vínculo estabelecido e o objeto envolvido.

Pichon-Rivière (2007, p. 49) destaca que "cada um desses vínculos tem um significado particular para cada indivíduo. [...] A pessoa se move com um jogo harmônico ou desarmônico de suas partes integrantes, mas não se pode separar aquilo que é do Id, do Ego e do Superego".

A respeito disso, o autor fornece exemplos que podem elucidar a questão: um vínculo em que há a predominância do id pode ser amoroso ou agressivo; quando predomina o ego, o vínculo é operacional ou manipulador da realidade; e, predominando o superego, o vínculo é culpabilizante. Contudo, todo o aparelho psíquico está implicado nisso em virtude de sua totalidade, cujas partes organizam-se de maneira dinâmica e peculiar.

Com base na teoria de Pichon-Rivière (2007), é possível, então, entender que tais vínculos instauram-se sempre em função de outros vínculos historicamente condicionados e constitutivos do inconsciente, no qual estão registrados.

Nesse sentido, na intervenção psicopedagógica clínica e institucional alicerçada na psicologia social, observa-se o tipo de vínculo entre o profissional e o sujeito, para se compreender como este último funciona internamente e que tipos de relação estabelece com o objeto. Esse vínculo com o psicopedagogo é transferencial: nele, projetam-se ou deslocam-se[8] objetos internos (conteúdos) e revivem-se vínculos primitivos; ademais, essa relação indivíduo-profissional possibilita a aprendizagem e as mudanças imprescindíveis.

Nesse trabalho, investiga-se também o vínculo entre o sujeito e objetos internos, que tem uma representação manifesta e outra latente; um sintoma manifesto, por exemplo, esconde um conteúdo latente, que precisa ser explicitado.

O psicopedagogo examina os vínculos internos e externos com objetos que são inconscientes[9], considerando que, quanto mais inconsciente for a representação deles, maior

• • • • •
8   Projeção e deslocamento são mecanismos de defesa do ego.

9   Para aprofundar a reflexão sobre essa questão, é importante recorrer aos conceitos psicanalíticos de inconsciente, consciente e pré-consciente – qualidades do aparelho psíquico em relação a um objeto em um dado momento. Sobre isso, indicamos a leitura de Assis (2007).

será sua operatividade sobre a conduta do sujeito, como ressalta Pichon-Rivière (2007). Neste ponto, cabe ainda destacar o que o referido autor classificou como **vínculo individual** e **vínculo grupal**.

O vínculo é a relação particular entre um sujeito e um objeto. Considerado operacional, é uma estrutura de relação interpessoal em que esses dois elementos cumprem uma função. Em um grupo, essas relações interpessoais são regidas pelo interjogo dos papéis atribuídos e dos papéis assumidos, determinando o grau de coerência – marcada pelo desempenho de papéis pouco diferentes e indicador da maturidade e da integração do indivíduo – entre os vínculos e o grupo, o que, por seu turno, caracteriza o comportamento deste.

O grupo agrega em sua formação indivíduos que, de algum modo, com ele se identificam, estabelecendo-se um vínculo ideológico, o que condiciona uma estrutura particular, certa operatividade e a criação de vínculos com outros grupos.

Cada membro desse grupo tem um papel, uma função e uma categoria – aspectos que definem seu *status*, ou seja, seu prestígio social –, que lhe são atribuídos e/ou por ele assumidos. Esses elementos são chamados por Pichon-Rivière (2007) de "estruturas", as quais funcionam em um nível específico (*status*) e têm características determinadas pelo papel.

Conforme Pichon-Rivière (2007, p. 81), "o papel se caracteriza por ser transitório, ou mais ou menos transitório, e por ter uma função determinada, que aparece em uma situação determinada e em cada pessoa em particular". Em síntese, nada mais é do que a atitude do sujeito em dado contexto.

Em seu cotidiano, o indivíduo assume e exerce vários papéis de forma consciente ou não, visto que muitos deles lhe são conferidos por outrem. Nas interações dele com seus semelhantes, nota-se o interjogo mencionado anteriormente: entre o atribuir e o assumir ou não os papéis e as questões ou adversidades que disso podem advir. A tomada de consciência a respeito desse interjogo determina o que Pichon-Rivière identifica como **insight**[10]; quando os papéis são rechaçados, dificulta-se ou interrompe-se a comunicação.

Na intervenção psicopedagógica, tanto o sujeito quanto o profissional desempenham múltiplos papéis e, em função das tarefas propostas nesse processo, atribuem e assumem tantos outros, repetindo situações do passado. Nesse sentido, o conhecimento do profissional acerca dos vínculos e dos papéis atribuídos, assumidos e desempenhados pelo sujeito (ou pelo grupo) em determinada situação configura-se em operatividade por meio da interpretação (esclarecimento) – conceitos que abordaremos a seguir.

Além desses, outros conceitos relevantes auxiliam na compreensão da psicologia social. Pichon-Rivière destaca que é no **campo psicológico** (ou campo das interações) que se concretizam as interações entre o indivíduo e o meio. Com base nisso, podemos entender que o âmbito de investigação da psicopedagogia, assim como das ciências humanas, é o campo das interações.

O teórico explica também os conceitos de situação e conduta. A **situação** corresponde às modificações operadas

• • • • •
10 Compreensão súbita de determinada situação ou de alguma coisa; esclarecimento, discernimento.

pelo meio, enquanto a **conduta** diz respeito às modificações operadas pela personalidade (indivíduo), que encerram em si dimensões temporais, isto é, incluem passado, presente e futuro, questão a ser considerada durante a intervenção psicopedagógica.

Ademais, o autor estrutura a noção de **práxis**, que aqui empregamos ao nos referirmos à psicopedagogia institucional. Nessa perspectiva, o trabalho psicopedagógico configura-se como práxis, ou seja, "teoria e prática se fundem definitivamente em uma relação dialética em permanente interação"; essa relação acontece em um processo chamado pelo autor de "espiral dialética" (Pichon-Rivière, 2007, p. 54, 57).

Ainda para Pichon-Rivière (2007, p. 66), "olhar é escutar, considerar o indivíduo e seu meio em permanente interação". O olhar e a escuta são elementos relevantes na intervenção psicopedagógica, uma vez que norteiam a práxis e as interpretações.

As **interpretações**, recursos subjetivos de intervenção, são formuladas considerando-se as condutas exteriores dos sujeitos, as quais incluem o discurso (comunicação verbal – temática), as atitudes e os gestos (comunicação não verbal – dinâmica), bem como o produto de suas atividades, servindo para traduzir e decodificar as informações.

O psicopedagogo é, então, um observador participante (atua e opera) que estabelece com o sujeito uma relação, uma interação, uma situação comunicativa que altera o campo operacional por meio da interpretação. No decorrer da intervenção, as interpretações apresentam-se como hipóteses alicerçadas no que se constata nesse campo, observação esta orientada também pelo enquadramento interno. Assim, podemos entendê-las como instrumento de intervenção por intermédio do qual algo é clarificado para o sujeito e para o profissional, promovendo modificações e, em virtude destas, novas interpretações e mudanças, criando aquela espiral dialética que citamos há pouco.

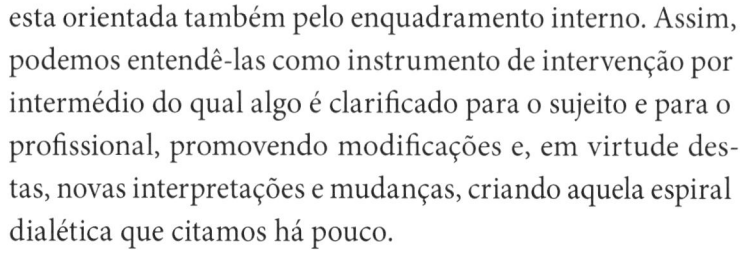

Na investigação empreendida pelo psicopedagogo, verifica-se também a **operatividade**, em que se utiliza um esquema referencial para formular interpretações baseadas na análise (olhar e escuta) da temática, da dinâmica e do produto. Esse esquema é denominado, por Pichon-Rivière, **esquema conceitual referencial e operativo** (Ecro), um instrumento de trabalho dinâmico, dialético e que se transmuda no movimento espiral.

O momento no qual a interpretação é esboçada e apresentada ao indivíduo corresponde ao ato operacional, em que já houve a síntese entre teoria e prática, ou seja, a práxis. Essa interpretação resulta dos dados obtidos e examinados com o apoio do esquema referencial do profissional (conhecimentos, história, fundamentos, situação presente e sujeito específico) e amplia os conhecimentos, processo que se repete a cada intervenção.

Portilho et al. (2018) afirmam que, nos processos de avaliação e intervenção psicopedagógica institucional, o profissional, com base em seus conhecimentos, tem condições de perceber como a instituição funciona e de identificar o Ecro, o que lhe possibilita conhecer a modalidade de aprendizagem predominante em seu contexto.

Segundo as autoras, o Ecro "é construído ao longo da história de um sujeito que aprende, de suas interações, experiências e criações e pode ser identificado nos vários âmbitos da Psicopedagogia, por exemplo, indivíduo, grupo, instituição, comunidade e cultura" (Portilho et al., 2018, p. 28).

Como enfatizamos antes, a intervenção psicopedagógica institucional concentra-se no processo de aprendizagem, o qual é compreendido, à luz da psicologia social, como um **sistema dialético** que se abre e se fecha. Esse processo pressupõe um pensamento dialético, ou seja, a passagem permanente de uma situação a outra, de um círculo fechado para um aberto e de um aberto para um fechado, num processo relacional constante e flexível. Em outras palavras, nessa perspectiva, as situações são transitória e/ou sucessivamente abertas e fechadas.

De acordo com Pichon-Rivière (2005), a abertura e o fechamento dos sistemas não caracteriza uma contradição, e sim momentos necessários em um processo dialético: a assimilação requer um tempo de fechamento, e a abertura possibilita a entrada de novos conhecimentos e experiências – ambas seguidas de sucessivos fechamentos e aberturas.

Considerando-se o exposto, é possível concluir que a dificuldade de aprendizagem e/ou de desenvolvimento decorre do fechamento prolongado do sistema, que não se abre para a entrada de novas informações ou conhecimentos. Contudo, ela também pode resultar de um sistema totalmente aberto, em que se passa de um conhecimento a outro sem que haja a apropriação de algo. Assim, o aprendizado não executa o movimento dialético, fica estanque; o sujeito, por sua vez, fica preso em um círculo de condutas vicioso (automatismo de repetição), o que impede ou dificulta progressos na aquisição de conhecimentos e no refino de habilidades.

Diante disso, cabe ao psicopedagogo, apoiado nas interpretações produzidas, indicar as dificuldades do sujeito, para que ele avance no processo de aprender por novos e diferentes caminhos.

Na psicologia social, esse trabalho é desenvolvido em grupo e foi chamado de **teoria e técnica do grupo operativo**. Entende-se por *grupo* um "conjunto de pessoas, ligadas entre si por constantes de tempo e espaço e articuladas por sua mútua representação interna, que se propõe, de forma explícita ou implícita, a uma tarefa que constitui sua finalidade" (Pichon-Rivière, 2005, p. 177).

Nos grupos operativos, constrói-se um Ecro grupal tendo em vista a tarefa que deverá ser realizada, que é observada pelos movimentos denominados de *tarefa explícita* (objetiva) e *tarefa implícita* (subjetiva). Portilho et al. (2018) explicam que a **tarefa objetiva** é aquela apresentada ao grupo por meio de uma consigna[11] e que o mobiliza para a ação; já a **tarefa subjetiva** é percebida nas atitudes do grupo no processo, o que engloba tanto as discussões quanto o silêncio.

Não podemos falar de grupos operativos sem mencionar o **cone invertido**, instrumento de avaliação desenvolvido por Pichon-Rivière e utilizado para analisar os processos de aprendizagem e ensinagem nos espaços clínico e institucional. Como é possível notar na Figura 5.1, ele dispõe de seis vetores de análise.

- - - - -
11 Formulação de instruções que orientam ações e indicam a expectativa em relação à conduta do sujeito.

Figura 5.1 – Cone invertido

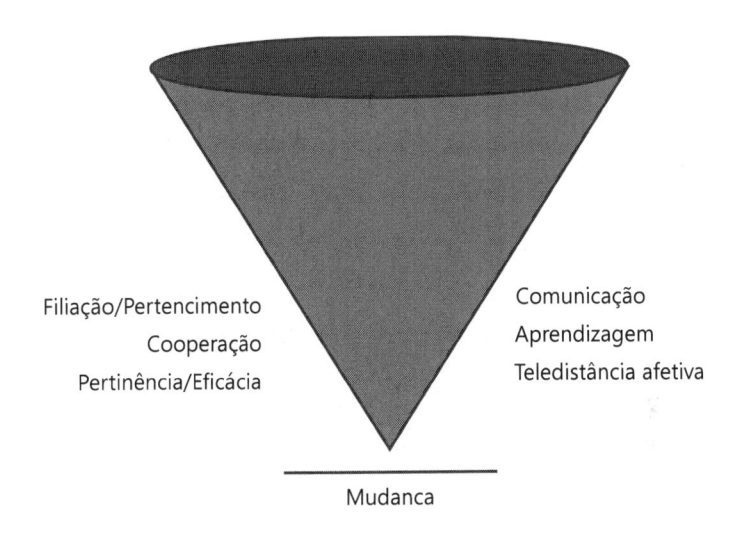

Filiação/Pertencimento
Cooperação
Pertinência/Eficácia

Comunicação
Aprendizagem
Teledistância afetiva

Mudanca

No lado esquerdo estão os vetores filiação/pertencimento, cooperação e pertinência/eficácia, que têm característica cumulativa e indicam maior ou menor evolução de um grupo em relação à tarefa. No lado direito estão os vetores comunicação, aprendizagem e tele (distância afetiva), que têm característica qualitativa e relacionam-se com as formas de comunicação, aprendizagem e vinculação no processo de aprender. Portilho et al. (2018) enfatizam que tais itens permitem avaliar o grupo em relação à possibilidade de mudanças.

De acordo com Barbosa (2001), a **filiação** diz respeito a uma aproximação da tarefa; a **pertença**, ao sentimento de pertencer ao grupo como elemento importante e essencial para seu funcionamento – avaliada considerando-se a pontualidade, a presença e as intervenções de cada sujeito; a **cooperação** refere-se à empatia, à contribuição consciente de cada sujeito do grupo para a realização da tarefa; a **pertinência** ou **eficácia** concerne à realização da tarefa, à quantidade de energia despendida durante sua execução e à relação entre os objetivos e os resultados – seu alcance resulta do desejo do grupo, que trabalha aspectos objetivos e subjetivos (medos básicos) da tarefa.

Ainda conforme a autora, os vetores do lado esquerdo variam do negativo ao positivo, e os do lado direito estão inter-relacionados. A **comunicação** caracteriza-se como a troca de informações e sentimentos transcorrida no interior do grupo. Por intermédio desse diálogo, são expressas as dificuldades na realização da tarefa e é possível detectar a existência de ruídos na comunicação entre emissor e receptor, o que evidencia a necessidade de modificar códigos e formar subgrupos.

No processo de aprender, a forma de comunicação (oral, anal, fálica, genital) pode ocasionar obstáculos. Acerca disso, Barbosa (2001) esclarece: a comunicação do tipo oral acarreta uma relação de dependência, pois se efetiva pela ação de um sujeito que detém um conhecimento que outros não têm; na comunicação anal, um indivíduo humilha ou desqualifica outro; na fálica, há a imposição de um ponto de vista ou ideia sem que haja qualquer possibilidade de questionamento; em contrapartida, a genital permite discussões e compartilhamentos. Assim, as mudanças na comunicação tanto provocam dificuldades quanto são delas decorrentes.

Com relação ao vetor **aprendizagem**, ele é definido como a apreensão da realidade e é avaliado com base nos seguintes itens cunhados por Pichon-Rivière: (1) **pré-tarefa**, ou seja, a resistência do grupo para entrar na tarefa e realizá-la; (2) **tarefa**, que corresponde às possibilidades de concretização desta, incluindo a tática, a técnica e a logística – respectivamente, o conjunto de estratégias para a realização da atividade, a forma de condução desta e a avaliação das estratégias daqueles que se opõem à feitura da tarefa; e (3) **projeto**, que é um indicativo, fornecido pelo grupo, de que há um caminho para a realização da tarefa proposta ou de uma nova e para seu aperfeiçoamento.

Finalmente, a **tele (teledistância afetiva)** é um vetor que indica a distância afetiva do grupo em relação à tarefa, ao coordenador e aos demais componentes da rede. Avaliá-la possibilita perceber a empatia positiva ou negativa nas relações do grupo.

Há ainda outros elementos de análise com base no cone invertido, como os vínculos do grupo com a aprendizagem, concernentes a aspectos afetivos que afastam ou aproximam o sujeito desta. Quando o vínculo se apoia na ansiedade confusional, acarreta uma dependência na tentativa de amenizar o **medo da confusão**; quando se apoia na ansiedade esquizoparanoide, determina comportamentos de defesa para se proteger do **medo do ataque**; e, quando o vínculo está integrado com as situações de aprendizagem, ocasiona comportamentos depressivos decorrentes do **medo de perder** as referências.

O cone invertido pode ser usado não só na avaliação de um grupo, mas também na de um sujeito, na diagnose institucional, na análise de instrumentos e, ainda, como elemento norteador da intervenção psicopedagógica institucional.

5.4 Modalidades de aprendizagem

É possível organizar a intervenção psicopedagógica, seja ela clínica, seja ela institucional, tomando-se como base os estudos de Fernández (2001) sobre as modalidades de aprendizagem, nos quais a autora, fundamentada na psicanálise, relaciona alimentação e apropriação de conhecimentos.

Nessa perspectiva, são elencadas e descritas as seguintes modalidades de ensinar/aprender: mostrar/olhar; ocultar/espiar; exibir/ofuscar; e desmentir/não ver – que figuram ao longo dos processos de ensinagem e aprendizagem em todas as instituições e representam modos de se relacionar com o conhecimento. A cristalização dessas modalidades caracteriza um problema obstaculizante da aprendizagem, uma vez que passam a representar o padrão de funcionamento institucional.

A seguir, com base nas considerações de Fernández (2001) e Portilho et al. (2018), apresentamos essas modalidades.

- **Mostrar/olhar:** ocorre quando o sujeito detentor do conhecimento o disponibiliza ao aprendente, a fim de que este possa ter contato com ele e consiga articulá-lo aos saberes já internalizados, apropriando-se dele e, portanto, aprendendo. O mesmo processo acontece com a instituição, entendida aqui como um sujeito aprendente, quando regras, normas, procedimentos e conhecimentos são oferecidos aos seus componentes (colaboradores), permitindo os questionamentos, as discussões, as reflexões, as contribuições, bem como o encontro de novos caminhos e a efetivação da aprendizagem.

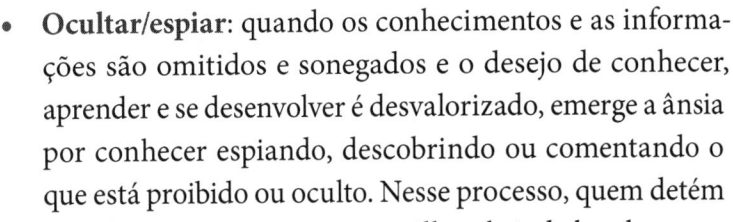

- **Ocultar/espiar:** quando os conhecimentos e as informações são omitidos e sonegados e o desejo de conhecer, aprender e se desenvolver é desvalorizado, emerge a ânsia por conhecer espiando, descobrindo ou comentando o que está proibido ou oculto. Nesse processo, quem detém o conhecimento não o compartilha, abrindo brechas para delações, "fofocas", acusações, ameaças e medo por parte dos demais e, por conseguinte, gerando conflitos difíceis de administrar.

- **Exibir/ofuscar:** quando há um excesso de informações que se incorporam ao discurso e não modificam a prática, representando o poder ou o conhecimento de alguns sujeitos, não ocorre a aprendizagem, pois os outros integrantes do grupo sentem-se inibidos de tomar atitudes sem a aprovação desses indivíduos ou de demonstrar seus próprios saberes.

- **Desmentir/não ver:** ocorre quando o gestor ou aquele que detém o conhecimento desmente ou desconsidera as ações/iniciativas de aprendizagem, os saberes dos outros ou, ainda, suas contribuições acerca de determinado conhecimento, assunto, problema ou situação. Essa situação, óbvia para quem a observa de fora, não é percebida ou avaliada pelos envolvidos diretamente, sobretudo por quem administra a instituição.

Essas modalidades podem variar da aprendizagem mecânica à aprendizagem significativa num amplo espectro. No caso das instituições, a modalidade de aprendizagem é fruto da interação entre os sujeitos que as compõem com suas características particulares, estratégias, concepções e habilidades, o que ocorre em seus contextos relacional, social, cultural e histórico. Portanto, no âmbito institucional, em virtude dessas relações específicas, de seu caráter dinâmico, pode haver o predomínio de uma modalidade de aprendizagem num dado momento, sendo esta caracterizada por determinados vínculos, formas de liderar, modos de gerir, concepções, ideologias e patologias.

Durante a avaliação diagnóstica institucional, é possível identificar e analisar tanto as modalidades da instituição quanto os obstáculos que estão dificultando o processo de aprender, o que vai orientar a intervenção psicopedagógica posteriormente empreendida.

5.5
A teoria dos papéis e a sociometria: contribuições da teoria da comunicação e do psicodrama

No trabalho psicopedagógico, visto que o sujeito humano é ativo, dinâmico e, como antes enfatizamos, indissociável da estrutura social de que faz parte, a análise dos aspectos relacionais é fundamental para a compreensão do processo de ensino e aprendizagem.

Sobre essa questão, Gasparian (1997) destaca a importância da contribuição do romeno Jacob Levy Moreno – a teoria dos papéis e a sociometria – e elucida algumas definições. De acordo com a autora, o **papel** é o modo de funcionamento do sujeito num determinado momento como reação a situações específicas de interação com objetos e/ou outros sujeitos; a **sociometria** é a medida de todas as relações sociais; o **vínculo** é resultante da relação entre um papel e seu papel complementar (por exemplo, quando se é pai, o papel de filho; quando se é professor, o de aluno); a **mensagem** é a unidade comunicacional; e a **interação** é o conjunto de mensagens trocadas entre os sujeitos.

Em suas interações, os sujeitos comunicam atitudes, pensamentos e sentimentos num movimento circular, o que mantém a **homeostase** entre todos os elementos do sistema. Nesse contexto, alguns aspectos relacionados à forma como as pessoas se comportam no desempenho dos papéis de emissor e receptor clarificam essas interações e permitem compreender as dificuldades enfrentadas e organizar uma intervenção psicopedagógica que atenda às demandas particulares de cada sujeito, grupo e instituição.

Gasparian (1997) apresenta também os tipos caracterológicos sociométricos[12], a saber:

---

12 Tipos de funcionamento que caracterizam os sujeitos em suas relações e interações sociais.

- **Bom emissor/bom receptor**: é o sujeito que emite e recebe bem as mensagens, convivendo e interagindo facilmente com os demais, e que encontra nas interações a satisfação de suas necessidades.
- **Bom emissor/mau receptor**: é o sujeito que transmite adequadamente as mensagens e é compreendido, mas não as recebe bem, de modo que não as compreende e, portanto, suas condutas são inadequadas; suas relações são marcadas por desencontros caracterizados por dois comportamentos: (1) percebe apenas os sinais negativos, tendendo ao isolamento, ao recolhimento, à timidez ou ao afastamento; ou (2) nega esses sinais e converte-os em neutros ou positivos, aproximando-se de grupos e/ou sujeitos que o rejeitam.
- **Mau emissor/bom receptor**: é o sujeito que interpreta corretamente as mensagens, porém sua emissão não é satisfatória, pois converte sinais negativos em positivos, comunicando aceitação quando, na verdade, sente o oposto, ou converte sinais positivos em negativos, comunicando apenas as rejeições, tratando mal os outros, o que empobrece sua vida afetiva, visto que acaba sendo isolado por eles.
- **Mau emissor/mau receptor**: é o sujeito que não se comunica, visto que, além de não conseguir emitir bem as mensagens, não consegue recebê-las adequadamente e, portanto, não as compreende. Considera-se isso um transtorno grave, que causa isolamento e pode ser fruto de conflitos internos nos quais a angústia está presente.

Essa caracterização ajuda a entender de que forma os grupos interagem e, tendo em vista as idiossincrasias e as demandas de seus integrantes, a selecionar os instrumentos e as técnicas psicodramáticas indicados para cada caso, que podem ser verbais, corporais e de ação e utilizam desenhos, brinquedos e jogos numa abordagem em que cenas são criadas e vivenciadas.

No Capítulo 6, abordaremos com profundidade o psicodrama e outros instrumentos da intervenção psicopedagógica institucional.

Síntese

Entendendo que a psicopedagogia institucional atua sobre a rede de relações estabelecidas nos diferentes espaços institucionais em que o sujeito humano circula – nos quais os processos de ensinar e aprender acontecem e as dificuldades podem aparecer –, neste capítulo, apresentamos as principais teorias que fundamentam e direcionam o trabalho nesse âmbito, tanto a avaliação quanto a intervenção psicopedagógica.

Para possibilitarmos a compreensão do funcionamento dos sistemas e da práxis psicopedagógica, primeiramente, tratamos da teoria sistêmica. Em seguida, abordamos a epistemologia convergente de Visca, que é o fundamento da intervenção psicopedagógica institucional promovida pela maioria dos profissionais da área em nosso país; práxis esta organizada com base em conhecimentos oriundos da epistemologia genética, da psicologia social e da psicanálise.

Ademais, apresentamos a psicologia social de Pichon-Rivière e a técnica dos grupos operativos, um trabalho fundamental para a análise e o entendimento dos vínculos entre os membros dos grupos e as interações que eles efetivam mediante a atribuição e o desempenho de papéis na dinâmica grupal.

Vimos, ainda, que o trabalho psicopedagógico institucional é operativo, uma vez que se utiliza do Ecro, ou seja, o psicopedagogo observa e analisa a temática, a dinâmica e o produto e, apoiado nisso, formula suas interpretações, o que corresponde ao momento em que a teoria e a prática convertem-se em práxis.

Mostramos também como a dinâmica grupal – as relações do grupo concernentes à realização de uma tarefa, à mudança e à aprendizagem – pode ser examinada por intermédio do cone invertido, um instrumento composto por seis vetores: filiação/pertencimento, cooperação, pertinência/eficácia; comunicação, aprendizagem e tele.

Por fim, caracterizamos as modalidades de aprendizagem estudadas por Fernández – que se manifestam nos processos de ensinagem e aprendizagem e podem obstaculizá-los – e os tipos de relações comunicacionais. Com isso, objetivamos que você, conhecendo essas modalidades, possa organizar uma intervenção eficiente e, refletindo sobre essas categorias de relações, busque aprofundar o que já sabe acerca desses perfis.

Indicações culturais

Livros

BARBOSA, L. M. S. **A psicopedagogia no âmbito da instituição escolar.** Curitiba: Expoente, 2001.

A autora apresenta sua experiência com grupos, alicerçando-se em artigos anteriormente produzidos e em relatos de práticas, para trazer saberes fundamentais sobre a matriz diagnóstica e a intervenção institucional.

BLEGER, J. **Temas de psicologia:** entrevista e grupos. Tradução de Rita M. M. de Moraes. São Paulo: M. Fontes, 1987.

O autor explana dois temas fundamentais para o trabalho psicopedagógico – a entrevista e os grupos operativos –, explicitando os principais conceitos da teoria de Pichon-Rivière sobre grupos operativos e relacionando-os ao ensino.

GASPARIAN, M. C. C. **Psicopedagogia institucional sistêmica.** São Paulo: Lemos, 1997.

A autora explica a contribuição da teoria sistêmica, que fundamenta o trabalho com grupos e o psicopedagógico institucional. Aborda de modo claro essa perspectiva, seus conceitos e seus fundamentos. É uma leitura obrigatória para o psicopedagogo em formação.

FAGALI, E. Q.; VALE, Z. del R. do. **Psicopedagogia institucional aplicada**: a aprendizagem escolar dinâmica e construção na sala de aula. 10. ed. Petrópolis: Vozes, 2011.

As autoras apresentam a psicopedagogia institucional abordando a intervenção e o trabalho em grupo. São referências na área e contribuem para enriquecer a formação do psicopedagogo com os relatos de suas experiências.

Vídeo

GRUPOS operativos: teoria de Pichon-Rivière. 19 mar. 2018. 4 min. Disponível em: <https://www.youtube.com/watch?v=2Ab1reTnf5c&feature=emb_title>. Acesso em: 16 set. 2020.

Esse vídeo traz informações pertinentes sobre o grupo operativo, sintetizando suas principais ideias e características, com o uso de ilustrações didáticas.

Atividades de autoavaliação

1. Os processos de avaliação e intervenção psicopedagógica institucional consideram as dimensões do conhecimento, da interação, do funcionamento e da estrutura. A seguir, relacione cada dimensão às respectivas características.
   1) Dimensão do conhecimento
   2) Dimensão da interação
   3) Dimensão do funcionamento
   4) Dimensão da estrutura

( ) Relações determinadas pelas funções e atribuições segundo a hierarquia.
( ) Grau de aprofundamento dos conhecimentos
( ) Forma como os sujeitos se relacionam para realizar a tarefa e atingir os objetivos.
( ) Organização institucional: normas, regras, objetivos, papéis, pertencimento, cooperação, entre outros aspectos.
( ) Vínculos afetivos com a aprendizagem.
( ) Organograma.
( ) Coerência e contradição entre discurso e prática.

Assinale a alternativa que apresenta a sequência correta:

a) 4, 2, 1, 3, 2, 4, 3.
b) 1, 3, 4, 2, 3, 1, 4.
c) 2, 4, 3, 1, 1, 2, 4.
d) 3, 2, 1, 4, 4, 3, 2.
e) 4, 1, 2, 3, 1, 4, 2.

2. Sobre o conceito de vínculo na teoria de Pichon-Rivière, marque V (verdadeiro) ou F (falso) nas alternativas a seguir.
   ( ) Há dois tipos de vínculos: o pessoal, caracterizado pela relação do sujeito consigo mesmo, e o social, caracterizado pela relação do sujeito com seus pares.
   ( ) Os vínculos estabelecidos pelo sujeito são influenciados por outros vínculos historicamente condicionados e constitutivos do inconsciente – o local em que se encontram registrados.

( ) O vínculo entre o sujeito e o profissional é transferencial, ou seja, o sujeito projeta ou desloca conteúdos internos, revivendo vínculos primitivos, o que lhe permite promover mudanças.
( ) No trabalho terapêutico, o profissional investiga o vínculo do sujeito com objetos internos, o qual tem uma representação manifesta e uma latente.
( ) Vínculo é um conceito secundário na teoria de grupos operativos, pois, na relação entre os sujeitos, os papéis são mais importantes e independem do estabelecimento do vínculo.

Assinale a alternativa que apresenta a sequência correta:

a) V, F, F, F, V.
b) V, V, F, F, V.
c) F, F, V, V, F.
d) F, V, V, V, F.
e) F, V, F, V, V.

3. Assinale a alternativa que apresenta a definição de *sistema*:
   a) Conjunto de elementos (materiais ou não) que dependem reciprocamente uns dos outros, de modo a formar um todo organizado.
   b) Conjunto de pessoas cujas interações permitem a composição de relações.
   c) Grupo em que elementos interagem na tentativa de resolver uma tarefa.

d) Conjunto de elementos organizados e independentes e que, individualmente, são essenciais para formar um todo integrado.
e) Conjunto de elementos independentes que, somados, formam um todo.

4. Relacione as propriedades dos sistemas listadas a seguir às informações correspondentes.
   1) Globalidade
   2) Homeostase
   3) Equifinalidade
   4) Retroalimentação

   ( ) Comportamentos diferentes podem levar ao mesmo resultado.
   ( ) Trata-se da relação circular entre as diferentes partes que compõem o sistema.
   ( ) Todas as partes de um sistema relacionam-se umas com as outras, de modo que a mudança de uma acarreta transformações nas outras e no sistema como um todo.
   ( ) O sistema tem um processo de equilibração.

   Assinale a alternativa que apresenta a sequência correta:

   a) 3, 4, 1, 2.
   b) 1, 2, 4, 3.
   c) 4, 3, 2, 1.
   d) 2, 1, 3, 4.
   e) 3, 2, 4, 1.

5. Relacione cada modalidade de aprendizagem à respectiva descrição.
   1) Mostrar/olhar
   2) Ocultar/espiar
   3) Exibir/ofuscar
   4) Desmentir/não ver

   ( ) Há um excesso de informação incorporada ao discurso, mas sem modificar a prática.
   ( ) O conhecimento é disponibilizado, e o sujeito pode apropriar-se dele.
   ( ) O conhecimento, as ações, as contribuições ou as iniciativas do sujeito são desconsideradas.
   ( ) O conhecimento é omitido, e o desejo de conhecer, desvalorizado.

   Assinale a alternativa que apresenta a sequência correta:

   a) 2, 3, 1, 4.
   b) 3, 1, 4, 2.
   c) 1, 4, 2, 3.
   d) 4, 2, 3, 1.
   e) 1, 3, 2, 4.

Atividades de aprendizagem

Questões para reflexão

1. Pesquise sobre a teoria sistêmica no trabalho psicopedagógico e registre as principais ideias encontradas. Em seguida, apresente-as aos seu colegas de área e discuta-as com eles. Por fim, elabore um texto sintetizando as considerações a que você chegou a respeito desse tema.

2. Pesquise sobre as modalidades de aprendizagem estudadas por Fernández (2001) e analise as que você utiliza, descrevendo-as em um ensaio.

Atividades aplicadas: prática

1. Munido de um breve roteiro previamente elaborado, entreviste um psicopedagogo sobre o trabalho em grupo e, depois, apresente aos seus colegas os resultados.

2. Entreviste um grupo de professores para levantar as dificuldades encontradas no processo de ensino e aprendizagem e as estratégias por eles empregadas na tentativa de equacioná-las. Logo após, em uma *live*, analise os problemas enfrentados e as estratégias adotadas pelos docentes.

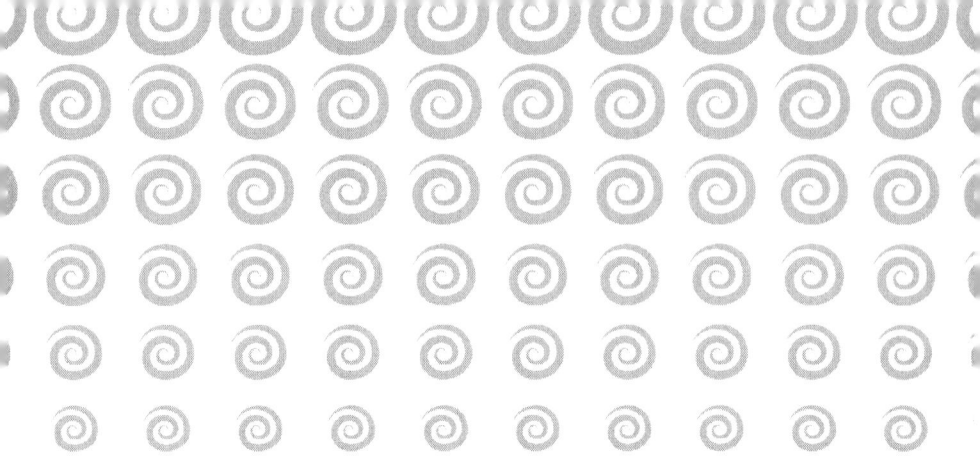

6
Organização do trabalho psicopedagógico institucional: circularidade dialética

Como vimos nos capítulos anteriores, a intervenção psicopedagógica institucional é organizada e planejada com base nos resultados da avaliação na qual se verificam as necessidades e as particularidades institucionais. Considerando-se essas informações, selecionam-se os instrumentos que serão utilizados na intervenção. As sessões têm início e são conduzidas por dois ou três profissionais – um coordenador, um observador de temática e um observador de dinâmica. Quando essa equipe é multidisciplinar, as discussões entre seus partícipes possibilitam estudar o caso de modo mais profundo, já que olhares e escutas diversas se integram e enriquecem essa análise.

Esse trabalho é, então, desenvolvido em grupos, cujo número de componentes depende dos objetivos almejados e do espaço disponível[1] para os encontros, o qual deve comportar todos confortavelmente, permitir deslocamentos e movimentos, bem como ter boa iluminação, ventilação, mobília essencial e poucos estímulos distrativos. Os profissionais devem realizar as sessões contando com o apoio de um roteiro norteador, tendo em vista as características e necessidades do grupo e as finalidades da intervenção. O trabalho é flexível, aberto a adaptações e tem uma continuidade (indicada sempre ao final de cada encontro).

Quanto ao tipo de grupo constituído nesse contexto, geralmente é fechado, ou seja, não há inclusão de novos componentes após sua formação, mas pode ser aberto, com entradas ou saídas de integrantes ao longo da intervenção, o que é comum nas instituições. Além disso, como a intervenção é dinâmica e acontece em espiral dialética, também ocorrem mudanças nas relações institucionais, o que requer ajustes na realização desse processo.

---

1 Podem ser observadas as mesmas orientações sobre o *setting* psicopedagógico apresentadas no Capítulo 1.

É interessante manter um arquivo com os planejamentos e os registros de cada sessão, que pode ser acondicionado em pastas ou caixas e auxiliar no seguimento do trabalho. Cada profissional pode criar sua forma de registro e acompanhamento da intervenção: fichas, tabelas, roteiros, filmagem, anotações, gravações, fotografias etc.

Neste ponto, cabe ressaltar que, uma vez que o sigilo é condição fundamental para a intervenção, tais materiais devem ser usados exclusivamente no contexto profissional e não devem ser divulgados. No caso de menção em publicações, isso demanda uma autorização por escrito e a preservação da identidade dos sujeitos envolvidos.

Quem contrata o serviço, ou seja, a instituição, recebe devolutivas periódicas e uma avaliação ao término do período de trabalho, que é determinado no enquadramento. Nesse momento, discute-se a continuidade ou a interrupção do processo e apresentam-se as interpretações e as orientações necessárias.

Para a efetivação e o sucesso da intervenção, os psicopedagogos dispõem, como apontamos antes, de uma série de instrumentos, cuja escolha depende da concepção teórica que fundamenta a práxis deles, de sua formação acadêmica, de sua formação continuada e aperfeiçoamento, bem como de suas experiências e vivências pessoais e profissionais.

No Capítulo 2, descrevemos os recursos subjetivos, primordiais nas intervenções institucional e clínica. Por intermédio deles, formulam-se hipóteses e considerações a respeito de relações, interações, dificuldades e questões grupais, promovendo, com isso, a equilibração, a tomada de consciência e a feitura de mudanças, de forma a superar os obstáculos e retomar os processos de aprendizagem e ensinagem.

Neste capítulo, apresentaremos alguns instrumentos de intervenção institucional, que se associam aos recursos subjetivos citados, para instrumentalizá-lo, leitor, e para orientar a organização de seu trabalho. Destacamos, ainda, que não há receitas para essa prática e que, portanto, a escolha e a utilização desses mecanismos devem ocorrer em função da instituição, de suas problemáticas e demandas, assim como dos grupos e sujeitos que a constituem.

6.1
O jogo dramático

O jogo dramático é um recurso da intervenção psicopedagógica que possibilita ao indivíduo expressar-se de forma livre e espontânea mediante o uso do corpo e da voz em um espaço psicológico projetado para esse movimento, mas direcionado por regras, a fim de oferecer segurança e respeito nessa manifestação das subjetividades.

Também pode ser definido como uma atividade em que há a representação de papéis, a expressão corporal, o uso da imaginação e da fantasia, a expressão livre dos sentimentos e dos pensamentos. Reverbel (1993) destaca que essas atividades agradam a todos os sujeitos, independentemente da faixa etária, pois estimulam a espontaneidade, a imaginação, a interação, a observação e a expressão.

Construído aquele espaço emocional, o psicopedagogo nele atua como mediador e busca envolver todos os componentes do grupo (algo fundamental, aliás) no jogo – mobilizando-os para a dramatização que acontecerá na sequência – por meio de um aquecimento/sensibilização (um relaxamento, uma vivência ou uma dinâmica).

Reverbel (1993) sugere que os primeiros jogos dramáticos sejam realizados em linguagem gestual, forma de expressão menos presente no cotidiano das pessoas. Como a linguagem verbal é a mais comumente utilizada, é deixada de lado no início, para que se exercitem outras formas de expressão e para que seu valor comunicativo seja reconhecido e valorizado. Depois de várias experiências com a linguagem gestual, são propostos jogos em linguagem verbal, o que demanda dos sujeitos a expressão oral (ênfase, entonação, ritmo etc.), a seleção das palavras, a moderação, o planejamento e a organização dos textos a serem enunciados.

Para Slade (1978), no jogo dramático, os sujeitos agem e comportam-se como o fariam em situações reais, o que oferece elementos para sua análise e compreensão, desvelando padrões de comportamento, personalidade, afetividade, modalidades de aprendizagem, interações e experiências. Por meio dele, os componentes do grupo não só apresentam as cenas e indicam como foram mobilizados durante sua execução, como também expressam problemas, dificuldades, vínculos, relações, diálogos, formas de comunicação, movimentos, posturas, omissões e silêncios. Com isso, é possível delinear o perfil da instituição e de sua intrincada rede de relações, explicitando-se elementos e, dessa forma, tornando-se possível sua modificação.

Não há um roteiro para tal dinâmica. Portanto, o grupo, depois de receber a consigna e a proposição de um tema, cena ou situação-problema, interpreta a primeira e planeja o desenvolvimento desse segundo elemento, dando início ao jogo em si, o que ocorre em função da subjetividade de cada participante e do grupo como um todo. Nessa dramatização, os papéis (combinados ou improvisados) são escolhidos espontaneamente; as cenas e os fatos se sucedem conforme a vivência das situações e das emoções que provocam.

Nesse processo, tudo o que foi observado (dinâmica, temática e produto) pelo grupo é analisado e interpretado, e o mediador intervém com recursos subjetivos. Além disso, as elaborações e as reelaborações são feitas por intermédio de diálogo, discussão ou reflexão estimulados pelo psicopedagogo ao levantar questionamentos, pontuações ou interpretações.

Portilho et al. (2018) afirmam que os jogos dramáticos propiciam o contato com conteúdos emergentes no grupo, sendo um instrumento importante para intervir trabalhando aspectos como pertença, comunicação e cooperação, por exemplo, elementos do cone invertido, que mencionamos no Capítulo 5.

Exemplo prático

A presente proposta foi concretizada no quarto encontro de um grupo constituído por 14 professores de uma escola privada de ensino fundamental I e II. Inicialmente, promoveu-se um relaxamento com um fundo musical e solicitou-se que os sujeitos se deitassem nas almofadas ou nos tapetes dispostos na sala em que estavam e lá permanecessem em silêncio. Após 10 minutos, pediu-se que abrissem os olhos, se levantassem e caminhassem lentamente pelo local. Foram, então, informados de que, caso ouvissem uma batida de palmas, deveriam parar e olhar nos olhos de um dos colegas, porém sem romper o silêncio.

Depois, receberam esta consigna: "Vocês deverão representar, por meio de mímicas, situações de enfrentamento de fenômenos da natureza: tempestade, nevasca, furacão, inundação, terremoto etc. Podem organizar-se em grupos de no máximo 5 componentes e não poderão usar a fala ou a escrita, apenas gestos ou desenhos. Vocês terão 15 minutos para o planejamento e 5 minutos para a apresentação".

O intuito desse jogo dramático foi o de engajar os sujeitos no enfrentamento e na resolução de situações de emergência ou urgência; isso porque uma das questões levantadas durante a avaliação foi a falta de iniciativa do grupo diante de situações-problema imprevistas, recorrendo-se sempre à coordenação em lugar de se procurar solucioná-las de forma autônoma.

Os participantes desse jogo articularam-se em três grupos: um com quatro pessoas e dois com cinco. O grupo 1 dramatizou um incêndio; o grupo 2, uma tempestade com o destelhamento de uma casa; e o grupo 3, um terremoto. Em virtude disso, foi possível observar a atribuição e o desempenho de papéis em cada grupo, as lideranças, o bode expiatório, o porta-voz, as dificuldades decorrentes da impossibilidade de falar. Além disso, observou-se que, no grupo 2, Fernanda não fez o que lhe fora designado, alterando, por conseguinte, o desenvolvimento do jogo; já no grupo 3, Paulo e Renata entraram em conflito para decidir quem protagonizaria a cena.

Após a apresentação, todos foram convidados a sentar-se sobre o tapete, formando, assim, um círculo, para dialogar e refletir sobre o jogo. Nessa finalização, os participantes relacionaram as situações dramatizadas com circunstâncias do cotidiano, abordando seus sentimentos e as alternativas de ação para resolver as questões evocadas na discussão.

6.2
Psicodrama

O psicodrama de Jacob Levy Moreno (2014, p. 231) "coloca o paciente num palco onde ele pode exteriorizar os seus problemas com a ajuda de alguns atores terapêuticos". Trata-se de um instrumento que possibilita a expressão do sujeito por meio da representação de papéis; pode servir como método de diagnóstico e intervenção psicopedagógica (clínica ou institucional), para trabalhar diversas questões de forma individual ou em grupos de qualquer faixa etária.

Como recurso psicopedagógico, pressupõe o conhecimento da técnica, a compreensão de sua dinâmica (o que requer formação específica) e a consideração dos objetivos da intervenção: autoconhecimento, integração, estreitamento de vínculos, aprendizagem, desenvolvimento interpessoal, entre outros.

O psicodrama tem como alicerce a teoria de vínculos e desenvolve-se mediante a proposta de representar e vivenciar papéis, contexto no qual a **espontaneidade** é o elemento central – entendida aqui como a capacidade de desempenhar um papel como se fosse a primeira vez, sem estereotipias e com autonomia.

Nessa perspectiva, o papel é a "forma de funcionamento que o indivíduo assume no momento específico em que reage a uma situação específica, na qual outras pessoas ou objetos estão envolvidos" (Moreno, 2014, p. 27). É "uma unidade de experiência sintética em que se fundiram elementos privados, sociais e culturais" (Moreno, 2014, p. 238), e sua função é "penetrar no inconsciente, desde o mundo social, para dar-lhe forma e ordem" (Moreno, 2014, p. 28).

A teoria dos papéis inclui, assim, os papéis sociais (dimensão sociocultural), os psicossomáticos (dimensão fisiológica) e os psicodramáticos (dimensão psicológica do eu); cada sujeito desempenha, ao longo de sua vida, uma série deles, além do papel oficial manifesto.

Além das técnicas do psicodrama, Moreno também desenvolveu os testes sociométricos, cuja finalidade, para Martins (1992, p. 152), é "demonstrar os sentimentos dos indivíduos – uns em relação aos outros, em termos de coleguismo – existentes no grupo a que pertencem, em dada circunstância". O **sociograma** é um instrumento que permite observar a organização/estrutura do grupo, as inter-relações entre seus componentes e as barreiras decorrentes de aspectos específicos dos sujeitos (faixa etária, gênero, religião, etnia etc.), assim como a posição e os papéis assumidos por eles (aceitação, discriminação, isolamento, popularidade).

Portilho et al. (2018) destacam que o sociograma é um instrumento de fácil aplicação individual ou grupal, podendo ser empregado repetidas vezes ao longo da intervenção, haja vista que permite avaliar as mudanças e a evolução do grupo.

Neste momento, você pode estar se perguntando como esse instrumento é utilizado. A seguir, demonstraremos isso em detalhes.

6.2.1
Sociograma

O profissional elabora e organiza questões claras e objetivas – em regra, duas para aspectos positivos e duas para os negativos – de acordo com os fins do trabalho psicopedagógico empreendido (avaliação ou intervenção, relações de trabalho, estudo, ludicidade, amizade), para serem apresentadas em folhas de papel aos componentes do grupo e por eles respondidas individualmente, coletando, assim, a informação de que necessita.

Entre as possíveis perguntas, podemos destacar (questões afirmativas ou negativas):

- Quem você (não) convidaria para sua festa de aniversário?
- Quem você (não) escolheria para companheiro de trabalho/estudo?
- Quem você (não) escolheria para compor sua equipe de trabalho/estudo/esporte?
- Quem você (não) escolheria para levar a uma viagem/passeio/cinema?

Também é possível focalizar o outro (questões afirmativas ou negativas):

- Quem você acha que (não) o convidaria para a festa de aniversário?
- Quem você acha que (não) o escolheria como companheiro de trabalho/estudo?
- Quem (não) escolheria você para compor uma equipe de trabalho/estudo/esporte?
- Quem (não) levaria você a uma viagem/passeio/cinema?

Respondidas as questões, analisam-se as respostas obtidas, que direcionam a intervenção e viabilizam a verificação das mudanças no decorrer do processo. Martins (1992) sugere que esses dados sejam registrados em uma **sociomatriz**, isto é, uma tabela na qual figuram os nomes dos sujeitos que escolheram (coluna vertical) e dos que foram escolhidos (fileira horizontal), como no Quadro 6.1.

Organização do trabalho psicopedagógico institucional: circularidade dialética

Quadro 6.1 – Sociomatriz

	1 André	2 Benício	3 Caetano	4 Caio	5 Diego	6 Eduardo	7 Enzo	8 Gabriel	9 Heitor	10 João	11 Luiz	12 Pedro	13 Rafael	14 Victor	15 Beatriz	16 Caroline	17 Diane	18 Isadora	19 Júlia	20 Laura	21 Luíza	22 Maya	23 Micaela
1 André		1°		3°				2°			1°												
2 Benício	2°						1°				3°												
3 Caetano						2°				3°		1°			2°		3°						
4 Caio					3°			1°			3°	1°		2°									
5 Diego								A	U	S	2°	N	T	E									
6 Eduardo											E		2°	1°			2°	2°					
7 Enzo								2°	E		1°		2°	3°			1°		3°	1°			
8 Gabriel			E						S					E			2°						
9 Heitor			S					2°	Q	2°		3°					1°						
10 João			Q			3°		2°	U					3°			2°						
11 Luiz			U					1°	D	3°		1°					1°	1°		1°			
12 Pedro			E		3°				E		2°			2°			2°						
13 Rafael			C					1°.	C		3°	3°		2°	3°		1°						
14 Victor			I						I		3°		1°		2°	1°	3°						
15 Beatriz			D						D								2°						
16 Caroline			O			3°			O						3°		1°						
17 Diane															2°	1°		1°					
18 Isadora																	2°						
19 Júlia				3°													3°						
20 Laura																	2°						
21 Luíza															1°								
22 Maya																		1°					
23 Micaela	3°																						
1ª ESCOLHA	1	2			1	1	1	3		1	2	2	1	1	1	1	2	1	1				1
2ª ESCOLHA	1	1		2	1	1		3		2	3	1	1	5	1		3	1	2	2			
3ª ESCOLHA	1			2	2	3				3	4	3	1	1	1	1	2	2	3	2	3°	1	
TOTAL	3	2	0	2	4	4	1	6	0	3	9	3	3	7	4	1	7	2	3	2	1	1	0

Nota: As escolhas mútuas são marcadas com um círculo ao redor do número. Aqui, optamos pelo sombreamento.

Fonte: Elaborado com base em Martins, 1992, p. 153

Com base nos dados da sociomatriz, constrói-se o sociograma (Figura 6.1), mediante a análise das relações entre os sujeitos do grupo e a posterior identificação da coesão grupal, dos líderes, dos populares (mais escolhidos), dos isolados, dos esquecidos, dos rejeitados, dos subgrupos que não interagem com os demais, dos subgrupos formados por elementos do mesmo sexo, da mesma religião, da mesma etnia etc.

Figura 6.1 – Sociograma

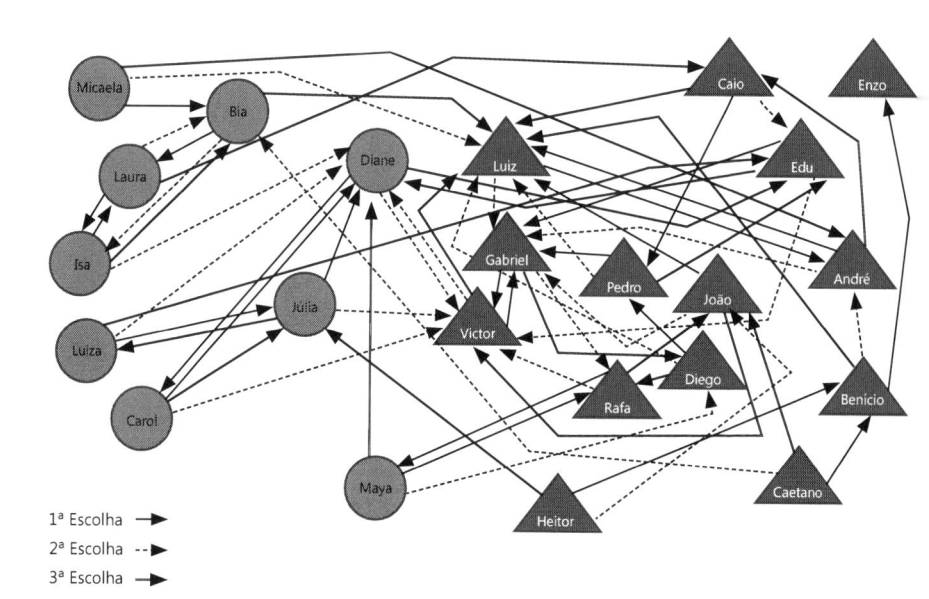

Fonte: Elaborado com base em Martins, 1984, p. 154.

Considerando-se essas conclusões, é possível planejar ações para promover as mudanças necessárias: melhorar as interações, aproveitar as lideranças positivas, trabalhar as lideranças negativas, reincorporar sujeitos isolados, rejeitados ou esquecidos, atribuindo-lhes papéis que os coloquem em situação de segurança ou vantagem em razão de alguma habilidade individual, bem como dissolver subgrupos rígidos ("panelinhas"), formar novos grupos e subgrupos e aumentar a coesão grupal.

6.2.2
Prática psicodramática

Há no psicodrama um campo terapêutico constituído pelo **palco**, ou **cenário**, isto é, o espaço onde se desenvolve a ação psicodramática. Nele, o sujeito/grupo (protagonista ou ator) vivencia um determinado papel e, a partir dessa experiência, toma consciência de seus significados.

No trabalho grupal, o **protagonista** – escolhido pelo grupo ou indicado pelo profissional (terapeuta/psicopedagogo) – pode ser tanto um sujeito quanto um subgrupo ou o próprio grupo. O que determina quem desempenhará tal papel é o objetivo do trabalho de intervenção, a pertinência da vivência psicodramática naquele momento, as relações ou as interações grupais e/ou as necessidades dos sujeitos.

No palco, também estão presentes o **ego auxiliar**, papel ocupado pelo interlocutor do protagonista, o **público**, composto pelos demais sujeitos que participam da vivência, apoiando o protagonista, e o **diretor**, papel executado pelo psicopedagogo, que coordena e medeia a vivência psicodramática em todos os seus aspectos (dinâmica, temática, produto).

Uma sessão psicodramática, ou uma sessão psicopedagógica com a técnica do psicodrama, desenvolve-se em etapas interligadas. Primeiro, faz-se o **aquecimento preparatório**, mencionado anteriormente, cujo objetivo é promover o relaxamento dos participantes, a sensibilização, o estreitamento dos vínculos, a emergência do protagonista, a escolha da cena e dos personagens e a construção do contexto dramático com o suporte do diretor (Moreno; Moreno, 2014).

Em seguida, inicia-se a **dramatização**, ou seja, o desenvolvimento da ação ou a vivência dramática pelo protagonista, que representa um papel em um contexto específico. Durante o processo psicodramático, estabelece-se uma relação vivencial única, um jogo dramático em que os papéis são desempenhados, e o diretor (psicopedagogo) faz as intervenções necessárias (mediação, interpretação) para provocar percepções, *insights*, tomada de consciência, resolução de conflitos, enfim, catarses[2].

Concluída a dramatização, encaminha-se o **compartilhamento**, ou *sharing*, momento no qual são elaboradas e compartilhadas as vivências e as lembranças de cada sujeito, examinadas pelo olhar atento e pela escuta do diretor (psicopedagogo). Logo após, encerra-se a sessão com o **fechamento**.

Neste momento, para que você as conheça, com base em Moreno e Moreno (2014) e Acampora e Acampora (2016), apresentaremos algumas técnicas básicas do psicodrama, desenvolvidas por Moreno e fundamentadas no que ele denomina de "matriz de identidade", já que relaciona tais práticas às fases do desenvolvimento infantil.

• • • • •
2 Processo de trazer ao consciente as emoções e os sentimentos reprimidos, o que elimina/atenua os sintomas ou as dificuldades existentes.

- **Técnica de autoapresentação**
Nessa técnica, considerada simples por Moreno e Moreno (2014), o sujeito interpreta a cena sozinho – revivendo, com riqueza de detalhes, situações e conflitos (do passado, do presente ou do futuro) de seu cotidiano e, também, representando as pessoas com quem se relaciona, ou seja, que compõem seu átomo social[3]. Ademais, também pode dramatizar sonhos.
Nesse processo, caso o sujeito necessite, pode contar com um colega de grupo. O ego auxiliar também pode ajudá-lo no começo, mas não participa da situação encenada, embora observe o protagonista, estimule-o e comente seus "passos".
A primeira consigna da autoapresentação é: "Retrate a si mesmo da mesma forma que atuou em qualquer situação recente que tenha sido marcante para você". Registrados a dinâmica, a temática e o produto e finalizada a primeira representação, o sujeito recebe a segunda consigna: "Retrate sua mãe, seu pai etc. e mostre como tais pessoas são. Retrate uma situação, as relações que estabelece com seus pares, com você mesmo...". O profissional, então, faz um relatório do que observou e analisa as relações e os vínculos do protagonista.
- **Solilóquio ou "monólogo em situação"**
Essa técnica é utilizada para que o sujeito duplique seus pensamentos e seus sentimentos mais profundos em uma situação com um companheiro e, por conseguinte, passe

•••••
3 "Núcleo de todos os indivíduos com quem uma pessoa está relacionada emocionalmente ou que, ao mesmo tempo, estão relacionados com ela" (Moreno, 2014, p. 239).

pela catarse. Pede-se que ele escolha e encene uma situação tal como ocorreu, porém acrescentando em voz alta (solilóquio) os sentimentos e os pensamentos que teve na ocasião, mas que não foram expressos, associando ações e representações.

- **Representação de sonhos**
Nessa dramatização, solicita-se que o sujeito fique na posição de dormir, momento do aquecimento, e retrate um sonho, no qual as ações dos personagens serão por ele orientadas/dirigidas.

- **Improvisação espontânea**
Essa prática consiste em representar papéis fictícios com os quais o indivíduo não se identifica em vez de momentos já vividos. Aqui, a função do ego auxiliar é tanto levar o sujeito a encenar determinado papel quanto desempenhar os papéis que, no processo, se mostrarem relevantes.
No aquecimento, o sujeito representa vários papéis (agradáveis ou não) que podem significar desejos frustrados. Nisso há, de acordo com Moreno e Moreno (2014, p, 257), uma luta entre "o personagem real e o fictício", evidenciando-se, portanto, os sentimentos do sujeito e a repressão de suas características pessoais.

- **Fotografia**
Pede-se ao sujeito que leve e comente fotografias durante a sessão. O psicopedagogo, então, deixa-o livre para falar sobre elas, estimula-o a escolher a preferida e a que menos aprecia e a relatar os fatos e os sentimentos que evocam. Com a foto que considera mais significativa, o indivíduo também pode montar uma cena ou utilizar-se do solilóquio, o que lhe possibilita expressar sentimentos e pensamentos.

- **Inversão de papéis**
  Para Moreno (2014), a inversão de papéis concerne à fase do desenvolvimento da criança em que esta reconhece o outro como tal, aprendendo, com isso, a desempenhar e inverter papéis no jogo simbólico de faz de conta.
  Utilizada na intervenção, nessa técnica, o protagonista toma o papel de outro, e este, o seu. Assim, suscitam-se interações, reflexões sobre os papéis assumidos e suas variações, bem como uma melhor percepção e compreensão do outro e de seus limites.
- **Espelho**
  Moreno atrelou essa técnica à fase do desenvolvimento infantil em que a criança, progressivamente, diferencia-se da figura materna, distingue pessoas e objetos e constrói sua identidade.
  Na intervenção psicopedagógica, o espelho requer o estabelecimento de um vínculo afetivo entre o sujeito e o profissional, sobretudo porque, em virtude das contradições entre expressão oral (temática) e expressão corporal (dinâmica) que traz à tona, pode irritar o indivíduo.
  Mediante essa técnica, o psicopedagogo, ou o ego auxiliar, pode desempenhar o papel desse indivíduo – nesse momento, um mero observador da cena – exatamente como ele o faz, mostrando-lhe, assim, como os outros o percebem. Depois, questiona tal pessoa sobre como se sente quanto a essa atuação. Nesse cenário, o protagonista (sujeito) é um espectador de si mesmo refletido no espelho (psicopedagogo). Há algumas variações dessa técnica, nas quais o psicopedagogo pode: desempenhar o papel junto com o sujeito, da mesma maneira que ele,

mas sem mencionar qual é seu objetivo; replicar algumas expressões corporais do sujeito, perguntando-lhe o que ele falaria ou o que ele disse; demonstrar ações do sujeito que precisam ser percebidas, analisadas e, caso necessário, modificadas.

- **Maximização**
Solicita-se ao sujeito que potencialize um gesto, uma ação, uma expressão verbal ou uma postura corporal que se apresenta como expressão de seus conflitos e cuja repetição retoma lembranças que podem ocasionar *insights*.

- **Projeção no futuro**
Solicita-se, nessa prática, que o sujeito se imagine no futuro e represente seus desejos e seus planos, que podem, efetivamente, concretizar-se.

- **Concretização**
O sujeito é orientado a materializar objetos, emoções, conflitos, partes do corpo etc., por meio de imagens, movimentos ou verbalização, indicando o que e como fazem.

- **Imagens ou esculturas**
O sujeito deve construir uma escultura ou uma imagem com os materiais disponibilizados, de modo a simbolizar seus sentimentos durante a vivência dramática. Essa técnica pode ser utilizada em diferentes momentos, em especial no fechamento de uma sessão.

- **Átomo social**
Nessa prática, conforme solicitação do psicopedagogo, o sujeito deve escolher um componente do grupo ou um objeto da sala que o simbolize e colocá-lo no centro desta. Em seguida, deve selecionar objetos que ilustrem sua relação com certas pessoas ou indicar outros integrantes do

círculo, posicionando-os na sala segundo a distância ou a proximidade afetiva que tem com eles.

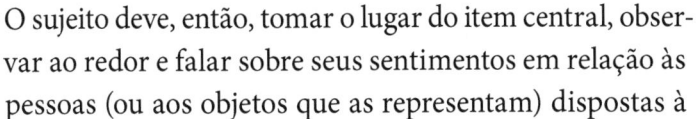

O sujeito deve, então, tomar o lugar do item central, observar ao redor e falar sobre seus sentimentos em relação às pessoas (ou aos objetos que as representam) dispostas à sua volta, imaginando o que sentem por ele e, no caso das representadas por objetos, o que falaria para elas se ali estivessem.

No átomo social, conforme Acampora e Acampora (2016), é possível inverter os papéis (ou seja, verificar como o outro se sente quanto ao sujeito), e cabe ao psicopedagogo fazer perguntas às pessoas ou aos objetos, como se fossem indivíduos reais, sobre o sujeito. Seu encerramento efetiva-se mediante, por parte do sujeito, a observação, a análise e a reflexão da cena e das sensações dela decorrentes.

- **Aquecimento**
  De acordo com Moreno (1979), o aquecimento estimula o sujeito e seu corpo para a atuação espontânea e prepara o público para a sessão psicodramática.
- **Imagem familiar ou átomo sociofamiliar**
  A princípio, o sujeito constrói uma imagem de sua família com o material disponibilizado. Depois, o psicopedagogo lhe faz alguns questionamentos sobre ela: nome da imagem, motivação para escolhê-la, sentimentos e pensamentos relacionados a ela, membros que ela representa, o que falaria aos familiares se ali estivessem, o que mudaria na dinâmica familiar etc.
- **O outro me representa**
  Solicita-se ao sujeito que ocupe o lugar de uma pessoa, objeto, brinquedo ou animal que o conheça bem ou lhe

pertença. Em seguida, ele deve representar esse outro e comentar o que sabe a respeito dele e o que sente por ele. Por fim, o psicopedagogo despede-se do personagem, agradece-lhe e dialoga com o sujeito, chamando-o por seu nome, a respeito dessa vivência psicodramática.

- **Duplo**
  O profissional coloca-se ao lado do sujeito como "duplo", como um "inconsciente auxiliar" (Moreno; Moreno, 2014, p. 125), põe a mão em seu ombro e utiliza-se do "eu" para fazer intervenções – adotando a postura corporal, o tom de voz e o modo de expressão do sujeito "replicado" e, por conseguinte, alcançando a sintonia emocional. Além disso, pergunta sobre os sentimentos e os pensamentos desse indivíduo, o que promove a identificação deste com ele.

- **Jogo do fantoche**
  Nesse processo, há um diálogo conflituoso entre dois personagens antagônicos, simbolizados por fantoches escolhidos pelo sujeito: um ilustra uma situação temida, o outro, uma situação desejada. Tal diálogo configura-se mediante a entrevista dos personagens e do sujeito acerca de sentimentos e da vivência das situações, seus desfechos e suas consequências ou desdobramentos.

- **Psicograma**
  O sujeito é convidado a dramatizar por meio de desenhos e a dialogar com e sobre sua produção.

- **Psicomúsica e psicodança**
  O sujeito é convidado a dramatizar empregando psicomúsica (sons produzidos por meio do corpo, como palmas, estalos de dedos e respiração forte) acompanhada de psicodança (movimentos e gestos).

Exemplo prático

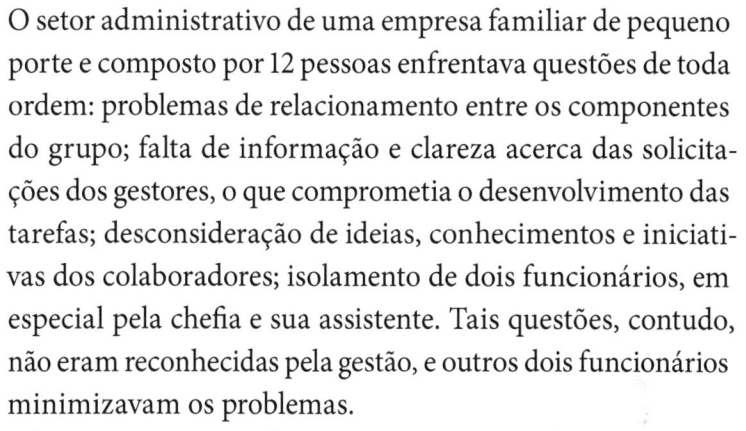

O setor administrativo de uma empresa familiar de pequeno porte e composto por 12 pessoas enfrentava questões de toda ordem: problemas de relacionamento entre os componentes do grupo; falta de informação e clareza acerca das solicitações dos gestores, o que comprometia o desenvolvimento das tarefas; desconsideração de ideias, conhecimentos e iniciativas dos colaboradores; isolamento de dois funcionários, em especial pela chefia e sua assistente. Tais questões, contudo, não eram reconhecidas pela gestão, e outros dois funcionários minimizavam os problemas.

Para uma sessão de intervenção psicopedagógica nesse grupo, foi escolhida a técnica *fotografia*. Solicitou-se que todos trouxessem fotografias de confraternizações realizadas na empresa e de outros momentos no ambiente de trabalho. Em seguida, os sujeitos foram convidados a mostrar as imagens escolhidas, selecionar uma preferida, apontar uma de que não gostavam e descrever o contexto em que foram registradas. Além disso, precisaram escolher uma foto e organizar uma cena, para reproduzir o acontecimento e verbalizar o que cada um pensou e sentiu naquele instante.

Escolheram, por fim, a foto da confraternização de fim de ano de dois anos antes, em que todos estavam num restaurante. Logo após, encenaram esse momento: todos ocupando suas posições e evidenciando os vínculos, as interações e os papéis que estabeleceram e assumiram.

Na cena, foi representada uma discussão entre a assistente da chefia, Carla, e as funcionárias Beatriz e Janaína, que queriam comer a sobremesa, mas foram insistentemente interrompidas pela colega, que as convidava para tirar a foto do evento. A foto foi, depois, tirada por Renato, funcionário de outro setor – representado na dramatização pelo psicopedagogo que fazia a observação de temática –, a pedido de Edu, que orientou sua ação.

Observou-se, com isso, que: a chefia aparecia muito séria em todas as fotos, sem sorrir mesmo em situações de confraternização; quatro funcionários formavam um subgrupo que figurava em todas as fotos unido, porém distante da chefia e dos demais; os funcionários Edu e Paulo (isolados) estavam em poucas fotos. Quanto a esses dois colaboradores, relatou-se que costumavam sair cedo, antes do registro fotográfico, feito, na maioria das vezes, pela assistente da chefia, que coordenava as atividades, direcionava as ações e dava os comandos.

Considerando essas constatações, o grupo fez reflexões importantes, embora ainda tímidas, em relação a algumas questões, posteriormente trabalhadas em outras sessões por meio de diferentes instrumentos.

6.3
Roda de conversa

A roda de conversa, um instrumento empregado nas intervenções psicopedagógicas grupais clínicas e institucionais, foi proposta pelas psicopedagogas Evelise Maria Labatut Portilho, Isabel Cristina H. Parolin, Laura Monte Serrat Barbosa e Simone Carlberg com fundamento em Paulo Freire.

Para as autoras (Portilho et al., 2018), configura-se em espaço de diálogo, reflexão conjunta, participação livre e espontânea – mediante a fala ou o silêncio, que também cria e evoca sentidos, ideias –, compartilhamento e construção de conhecimentos.

Há na roda de conversa, portanto, abertura para a fala, a escuta, a análise, a reflexão, o debate e a partilha, para o respeito às ideias, aos sentimentos e aos pensamentos expressos pelos outros, para a interação e a cooperação.

Nas oficinas psicopedagógicas, Torres (2001) propõe a **hora da roda**, momento de diálogo semelhante às rodas de conversa da educação infantil. Forma-se um círculo de participantes confortavelmente sentados e que consigam olhar nos olhos uns dos outros, já que esse movimento é fundamental na interação, possibilitando a relação, a observação, o conhecimento do outro, o compartilhamento e o acolhimento. Em seguida, propõe-se ao grupo um diálogo reflexivo, uma conversação livre e espontânea sobre um dado tema. Tal tema é sugerido pelo psicopedagogo, mediador da roda, e escolhido considerando-se a demanda do grupo, as necessidades da instituição, a queixa e a avaliação realizada.

Nesse contexto, cabe ao psicopedagogo acompanhar, observar, analisar e intervir, quando necessário, questionando. Contudo, ele igualmente deve permitir que os participantes se expressem livremente, falem espontaneamente, permaneçam em silêncio, ouçam, vejam, reflitam e aprendam em grupo, percebendo limites e possibilidades, bem como apontando soluções e caminhos para alcançar objetivos.

As reflexões proporcionadas ao grupo, no grupo e pelo grupo – que podem materializar-se em um cartaz, um painel, uma frase, norteando outras ações na continuidade da intervenção – propiciam o autoconhecimento, a (re)avaliação, a análise das dificuldades, a conquista da autonomia, a aprendizagem e a autoria. A roda de conversa pode também ser utilizada em conjunto com outros recursos e compor uma sessão de intervenção no início (sensibilização), no desenvolvimento de uma tarefa ou no fechamento, para promover reflexões finais e encerrar a sessão.

Exemplo prático

A roda de conversa aqui descrita foi promovida após uma oficina psicopedagógica na qual foi dramatizada uma situação que causou desconforto nos funcionários de uma instituição.

Tal oficina teve início com uma atividade de sensibilização: os 20 participantes, sentados em uma roda no chão, passavam de mão em mão uma caixa ao som de uma música. Quando a canção parava, quem estivesse com a caixa dela retirava uma ficha com um comando (escolha alguém para sair do grupo, traga alguém de volta, cite um defeito de quem está à sua frente, uma qualidade de quem está ao seu lado etc.) ou uma pergunta sobre conhecimentos gerais relacionados ao universo da instituição ou a respeito de seus componentes. Quando os participantes acertavam a pergunta, a caixa voltava a circular; quando erravam, tinham de "pagar um castigo" fazendo uma atividade engraçada, mas que provocava algum incômodo.

Em seguida, ainda em roda, conversaram sobre esses momentos desconfortáveis na dinâmica, e o coordenador propôs a dramatização de um fato relatado na sessão anterior:

na instituição, ocorreu a comemoração dos aniversariantes do mês, organizada por uma funcionária, que arrecadou o dinheiro e providenciou os alimentos e as bebidas. No entanto, foram excluídos da festa os funcionários do Setor de Limpeza e Serviços Gerais, embora houvesse dois aniversariantes entre eles.

No dia da comemoração, uma funcionária do Setor de Recursos Humanos (RH) convidou os funcionários do Setor de Limpeza e Serviços Gerais e os aniversariantes para participarem do evento. Chegando ao refeitório, os funcionários foram impedidos de entrar pela organizadora, a qual alegou que a comemoração não se destinava ao setor em questão, apenas aos demais e aos que haviam contribuído financeiramente. Isso gerou desconforto em muitos funcionários, constrangeu os do Setor de Limpeza e Serviços Gerais, os dois aniversariantes e os que não haviam efetuado a contribuição.

Ocorreram, então, discussões acaloradas, sobretudo entre a funcionária do RH, que desconhecia o fato de a comemoração não incluir todos os colaboradores, e a organizadora, que agrediu a colega verbalmente. Um grupo, mesmo tendo contribuído, recusou-se a participar da festa, saindo do refeitório; outro permaneceu sem se preocupar com o ocorrido; já os funcionários do Setor de Limpeza e Serviços Gerais foram embora chateados e constrangidos. O resultado desse conflito foi a proibição, por parte da diretoria, de comemorações sem o conhecimento e a autorização das chefias dos setores.

Na oficina psicopedagógica, o grupo planejou essa cena, selecionou quem desempenharia cada papel e dramatizou a situação original tal como ocorrera. Depois, teve um tempo para refletir e modificar alguns aspectos, solucionando pontuais adversidades da circunstância, e novamente encenou a referida comemoração.

Após as duas apresentações, foi promovida a roda de conversa. Nela, com a reflexão estimulada pelos questionamentos e pelas interpretações do coordenador da atividade, foram expressos sentimentos e discutidos problemas de comunicação, de inter-relação e alternativas para equacioná-los e gerenciar conflitos. Ao final da roda, cada participante escreveu num papel uma palavra que sintetizasse tal vivência e elaborou um poema com base nela.

Na sessão seguinte, os participantes listaram ações para equacionar os problemas vivenciados na situação relatada e evidenciados na dramatização e na roda de conversa. Por fim, receberam anotações do psicopedagogo acerca dos temas e das questões discutidas.

6.4
Atitude e observação operativas no trabalho psicopedagógico com grupos

A intervenção psicopedagógica clínica ou institucional é um processo em que o profissional medeia a relação entre o sujeito e o conhecimento, com o principal objetivo de levar o aprendente ao alcance da autonomia, da independência e do protagonismo, de modo a superar as dificuldades que obstaculizam a aprendizagem.

Nesse processo, a atitude operativa é essencial para colocar os sujeitos em movimento, dinamizar o ato de aprender e modificar as relações, criando situações que retirem tais indivíduos da dependência comum nos contextos educacional escolar e familiar, caracterizados ou por posturas tradicionalmente autoritárias, com limites excessivamente rígidos, ou por posturas totalmente permissivas, com limites ausentes ou postos sem convicção, o que repercute em outros espaços institucionais e relações.

6.4.1
Atitude operativa

O profissional que, fundamentado nas teorias mencionadas no Capítulo 5, organiza e implementa a intervenção psicopedagógica institucional tem uma maneira de interagir específica, que recebe a denominação de *atitude operativa*.

Essa atitude é definida por Portilho et al. (2018) como o modo de, em uma relação de aprendizagem, o profissional oportunizar ao aprendiz a execução de um movimento que considera situações do passado, vivências presentes e possibilidades futuras, levando tal sujeito a confiar na própria capacidade de aprender e de construir conhecimentos.

Dessa forma, o indivíduo, no espaço disponibilizado pelo psicopedagogo para a aprendizagem e por ele acompanhado, pode realizar tarefas o mais independente e autonomamente possível. Nesse ambiente, o profissional faz as intervenções que possibilitam ao aprendiz escolher caminhos, formular hipóteses e articular saberes.

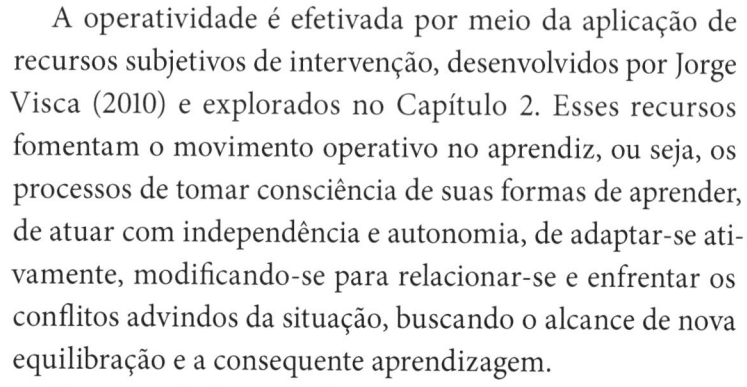

A operatividade é efetivada por meio da aplicação de recursos subjetivos de intervenção, desenvolvidos por Jorge Visca (2010) e explorados no Capítulo 2. Esses recursos fomentam o movimento operativo no aprendiz, ou seja, os processos de tomar consciência de suas formas de aprender, de atuar com independência e autonomia, de adaptar-se ativamente, modificando-se para relacionar-se e enfrentar os conflitos advindos da situação, buscando o alcance de nova equilibração e a consequente aprendizagem.

Em seu trabalho, Portilho et al. (2018) listam uma série de atitudes operativas que tornam a intervenção mais eficiente. A seguir, apresentamos uma síntese desses itens, objetivando direcionar intervenções que se utilizam da operatividade como ação. Cabe destacar que, uma vez que esses elementos originam-se na relação entre profissionais e sujeitos da intervenção, não se constituem em modelos rígidos.

- Questionar é por si uma atitude operativa, que coloca em xeque certezas, evoca dúvidas e viabiliza a ação de hipotetizar.
- Fornecer informações que possam ser relacionadas à tarefa proposta, aos seus objetivos, aos conhecimentos prévios e às necessidades do aprendiz ou do grupo de aprendizes.
- Apresentar alternativas que possibilitem ao grupo exercitar a escolha.
- Indicar caminhos, demonstrando como fazer, mas estimulando a reflexão e eventuais modificações.

- Promover a ampliação e o aprofundamento dos conhecimentos, assim como a construção de novos, por meio de ações estimulantes e provocativas.
- Ampliar situações de aprendizagem fomentando desafios que expandam espaços, modifiquem atitudes/pensamentos e ofereçam novos resultados e possibilidades.
- Oportunizar a vivência do erro, da dificuldade, da não aprendizagem e dos conflitos, incentivando a resolução de problemas com independência e autonomia.
- Incitar ações e reflexões que possibilitem repensar processos de aprendizagem, perceber avanços e desafiar-se.
- Intervir por meio de interpretações que demonstrem o funcionamento e a interação do grupo na execução de tarefas ou na resolução de problemas, bem como os obstáculos que se interpõem diante dele.
- Ouvir com atenção as hipóteses trazidas pelo grupo, de maneira a mobilizá-lo para a ação.
- Apresentar consignas que propiciem o enquadramento da tarefa, mas que ofereçam ao grupo a oportunidade de escolher, refletir e tomar decisões.
- Suscitar reflexões sobre o funcionamento do grupo, relacionando as situações atuais com outras já vivenciadas e encorajando a elaboração de outras alternativas de ação.
- Realizar intervenções que direcionem o grupo para a conclusão da tarefa.

É relevante enfatizar, neste ponto, que a operatividade conduz todo o processo de intervenção psicopedagógica, independentemente do instrumento ou recurso empregado.

6.4.2
Observação operativa

A observação operativa, instrumento desenvolvido por Laura Monte Serrat Barbosa (2006) e que acontece em dois momentos distintos, apresenta-se como opção interessante para compreender as interações e a comunicação nos grupos de trabalho de qualquer instituição, principalmente em relação aos coordenadores de setores, departamentos ou grupos.

No primeiro momento, observa-se um espaço específico por um tempo determinado (20 minutos), em que o psicopedagogo registra a temática e a dinâmica e formula questões para reflexão.

No segundo momento, o profissional encaminha suas anotações ao sujeito observado (indivíduo ou grupo), para que este faça a leitura e pense sobre elas. Essas perguntas são, então, respondidas pelo próprio sujeito (coordenador de grupo) ou pelo grupo (quando não há um coordenador), numa roda de conversa ou num grupo reflexivo, com o acompanhamento do profissional que garante a operatividade. Além disso, caso deseje, o coordenador pode ou debater as questões com seu grupo, ou dialogar sobre elas com o psicopedagogo.

A observação operativa permite ao sujeito analisado conhecer, pela ótica de outra pessoa (a do psicopedagogo), como seu grupo de trabalho funciona, se relaciona e se comunica e como ele mesmo atua na coordenação desse grupo. Isso ocasiona, mesmo em um grupo sem coordenador, a identificação de problemas e modos de abordagem e a busca por soluções.

Organização do trabalho psicopedagógico institucional: circularidade dialética

Exemplo prático

A observação operativa ocorreu num contexto escolar, mais especificamente numa reunião entre o coordenador de uma escola pública e sua equipe, composta por 2 auxiliares e 15 professores. Contou, ainda, com a atuação de 1 coordenador de observação e de 2 observadores – um para a temática e um para a dinâmica.

Os registros desses 3 profissionais, somados a algumas questões, foram apresentados ao coordenador da instituição; este, por seu turno, conversou com o psicopedagogo a respeito do referido material e, em seguida, discutiu com sua equipe os pontos levantados na observação operativa.

Por intermédio dessas interações e análises, verificou-se que o estilo de coordenação assumido era centralizador e controlador. Identificou-se também que as modalidades de aprendizagem praticadas eram a de ocultar/espiar – marcada pela ocultação de informações, pela desvalorização dos desejos de conhecer da equipe e pela formação de subgrupos de "especulação" para obter informações, os quais, em razão de comentários e críticas nos bastidores, acarretavam "fofocas" e ideias fantasiosas, assim como ansiedade, medo e culpa – e a de exibir/ofuscar – caracterizada pela desvalorização dos conhecimentos dos colaboradores e, em contrapartida, pela demonstração discursiva de poder e conhecimento por parte do coordenador, que decidia sozinho o que e como fazer.

O processo de intervenção foi progressivamente transformando a coordenação, levando-a a delegar tarefas aos auxiliares e a dar autonomia aos professores, valorizando suas iniciativas e sua autoria, mas não sem conflitos e resistências, que precisaram ser novamente pontuados e interpretados para serem superados.

6.5
O trabalho com grupos: grupo operativo, grupo reflexivo e oficinas psicopedagógicas

A intervenção psicopedagógica institucional é desenvolvida com grupos no interior das instituições. É preciso destacar, porém, que reunir pessoas em um mesmo espaço não significa compor um grupo; este, na verdade, forma-se por intermédio das relações e das interações entre os componentes, bem como da compreensão de que cada elemento é parte de um todo integrado, isto é, representa esse todo, mas é também sujeito, com sua história e suas idiossincrasias.

O processo grupal concretiza-se paulatinamente. Por meio do diálogo, pouco a pouco, os sujeitos se conhecem, percebem suas semelhanças e diferenças em relação a características, preferências, ideias, valores, condutas e concepções, se articulam para conquistar harmonia e equilíbrio e realizam as tarefas que competem ao grupo, cada um fazendo sua parte, contribuindo para o alcance de objetivos e respeitando-se mutuamente.

Trabalhar em grupo, vendo-se como tal, não é uma tarefa fácil; exige esforço e transformação, o que pode causar dor e resistências. Nesse contexto, aprender demanda a participação de todos, o compartilhamento de experiências, a expressão de pensamentos e sentimentos, a materialização de mudanças profundas e o estabelecimento de novos vínculos, o que é experimentado com certa angústia, ansiedade e receio; para diminuir ou evitar tais sentimentos, o indivíduo pode acabar adotando certas posturas por medo da perda, da confusão e do ataque. E, embora mude as pessoas e isso seja assustador, aprender é igualmente libertador e prazeroso.

6.5.1
Os grupos operativos

Como esclarecemos em outros capítulos, os grupos operativos foram propostos por Enrique Pichon-Rivière, fundamentados na concepção sócio-histórica[4] e incorporados à psicopedagogia como um frutífero instrumento de intervenção no âmbito institucional.

O trabalho psicopedagógico com tais grupos visa à promoção de mudanças por meio da tomada de consciência, por parte do grupo, de seus medos, suas ansiedades e suas resistências, bem como mediante a redefinição de papéis e a resolução de determinada tarefa em grupo e no grupo (Barbosa, 2001).

Os grupos operativos são orientados por uma equipe de três profissionais cujos papéis são diferentes mas complementares. A integração deles confere eficácia à intervenção: o **coordenador** orienta o grupo, apresenta a tarefa e as consignas e atua operativamente – conforme Barbosa (2001),

• • • • •
4 Compreende o desenvolvimento humano como um processo no qual os sujeitos, embora apresentem, ao nascerem, funções elementares que os aproximam da biologia, necessitam relacionar-se com seus semelhantes para se tornarem humanos, desenvolverem funções psicológicas superiores e se apropriarem dos conhecimentos; processo este que se efetiva num dado contexto socioeconômico, histórico-cultural e político.

essa operatividade permite que o grupo se torne produtivo e independente e que seus componentes sejam cooperativos; o **observador de temática** escuta tudo o que é verbalizado; e o **observador de dinâmica** direciona seu olhar para todas as ações, comportamentos e expressões não verbais manifestadas pelo grupo.

Para analisar o funcionamento grupal, evidenciando-se modalidades de aprendizagem, obstáculos e dificuldades, emprega-se o **esquema conceitual referencial e operativo** (Ecro), instrumento descrito no Capítulo 5 e atrelado ao processo de aprendizagem por meio de uma tarefa. Com o Ecro, o profissional pode compreender o funcionamento do grupo e dos indivíduos que o constituem. Ademais, o próprio Ecro é objeto de investigação no interior do grupo, uma vez que se constrói na história deste (instituição), recebendo a contribuição de cada um de seus componentes e dos elementos colocados por eles dinamicamente nas relações.

A proposta de grupo operativo pressupõe o cumprimento de uma tarefa – **tarefa explícita**, referente às necessidades coletivas (instituição), e **tarefa implícita**, concernente aos obstáculos que dificultam sua realização – por escolha e esforço dos participantes. Realizá-la depende, portanto, do Ecro dos sujeitos e do grupo, ou seja, da capacidade de esse grupo estruturar seu Ecro grupal sem desconsiderar o de seus componentes.

Nesse cenário, a tarefa é apresentada às pessoas pelo coordenador por meio de uma consigna. O grupo, então, vivencia o primeiro momento, denominado de *pré-tarefa*, no qual é possível notar certa oposição à execução da tarefa; em seguida, experiencia o segundo momento, a tarefa em si, no qual os integrantes organizam-se para realizar a atividade e, de fato, a concluem; e, por fim, ocorre o terceiro momento, chamado de *projeto*, no qual o grupo manifesta seu desejo de ampliar a tarefa – questões já abordadas no Capítulo 5. Como apontamos anteriormente, os componentes de um grupo assumem determinados papéis que lhes são possibilitados por sua história pessoal – o que corresponde à **verticalidade**, isto é, à atuação do sujeito no âmbito coletivo. A articulação e o desempenho individual simultâneo desses papéis, ou seja, uma manifestação coletiva deles, formam a **horizontalidade**. A combinação entre ambas permite entender a relação de interdependência entre o todo e as partes da organização.

Os **papéis** atribuídos e assumidos nos grupos operativos foram amplamente estudados por Pichon-Rivière (2009), que os denominou de: "líder de mudança", "líder de resistência", "porta-voz", "bode expiatório" e "sintetizador".

Líder de mudança é o papel assumido pelo sujeito que deseja que o grupo trilhe novos caminhos. Isso, porém, pode desencadear atitudes conservadoras, postura adotada por quem exerce a função de **líder de resistência**, trabalhando para conter o movimento de renovação e manter a situação anterior. Trata-se de papéis muito importantes, visto que é justamente no interjogo entre o novo e o já estruturado que o grupo encontra condições para transformar-se.

O **porta-voz** assume a função de traduzir os desejos, os pensamentos e os sentimentos do grupo em palavras ou ações individuais. O **sintetizador** necessita escutar o grupo, acompanhar suas discussões e sintetizá-las de forma integrativa. Já o **bode expiatório** atua como depositário de todos os aspectos negativos do grupo, devendo aceitar e suportar a carga que lhe é destinada e as projeções dos constituintes de seu grupo. Para tanto, ele precisa ser forte; assim, o grupo experimenta sentimentos positivos e sente-se leve.

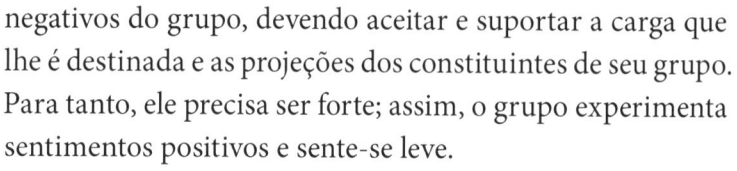

De acordo com Barbosa (2001), a inter-relação entre esses papéis é regida por duas leis: **suplementar** e **complementar**. Quando um sujeito faz pelos demais, impedindo que todos participem e, por conseguinte, tornando o grupo dele dependente, certo de que será protegido em situações mais exigentes, trabalhosas e desgastantes, verifica-se a lei suplementar; já quando os papéis desempenhados se complementam e permitem que todos trabalhem e contribuam para o desenvolvimento da tarefa, observa-se a lei complementar.

Cabe ainda mencionar a teoria dos três Ds, de Pichon-Rivière (2009), que auxilia na compreensão do desempenho de papéis, os quais estão vinculados às expectativas do outro quando atribui um papel ao sujeito e espera que este o aceite, que seja depositário de suas expectativas. Nessa perspectiva, há uma relação dialética entre o que é **depositado** (1º D) – as expectativas –, o **depositador** (2º D) – quem deposita – e o **depositário** (3º D) – quem recebe o depósito. Isso sintetiza os papéis e define o vínculo, ou seja, por meio desse interjogo, organizam-se as condutas individuais e grupais.

Cabe ao psicopedagogo, atuando de modo operativo nessa conjuntura, interpretar os papéis desempenhados e atribuídos, as expectativas que subjazem a essa dinâmica relacional de designar e aceitar funções, assim como a progressão desse processo. Já a tarefa do grupo consiste em conhecer as dificuldades grupais e trabalhar para superá-las, internalizando a síntese produzida pelo grupo durante a intervenção.

Exemplo prático

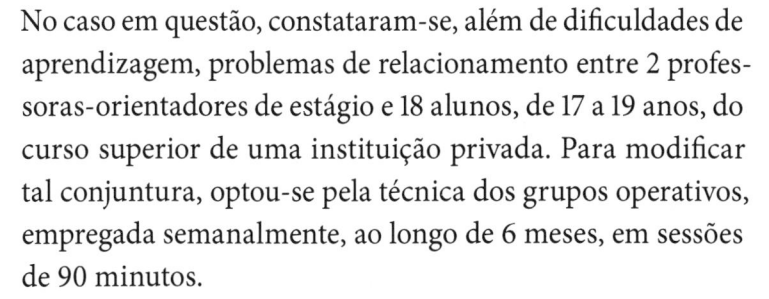

No caso em questão, constataram-se, além de dificuldades de aprendizagem, problemas de relacionamento entre 2 professoras-orientadores de estágio e 18 alunos, de 17 a 19 anos, do curso superior de uma instituição privada. Para modificar tal conjuntura, optou-se pela técnica dos grupos operativos, empregada semanalmente, ao longo de 6 meses, em sessões de 90 minutos.

Aqui, relataremos apenas um desses encontros, no qual a tarefa a princípio estipulada foi um desafio escrito chamado de *avenida complicada*. Antes de realizá-lo, os participantes da dinâmica vivenciaram um aquecimento com duração de 10 minutos, uma brincadeira de atenção e concentração semelhante à de "morto e vivo", mas com cartões coloridos: vermelho para ficar de pé, verde para sentar-se, amarelo para assoviar e azul para bater uma palma. Quem errava saía do jogo e sentava-se num dos cantos da sala indicados pelo coordenador, criando, assim, subgrupos.

Uma vez formados 4 grupos, eles receberam uma folha com o desafio e lhes foi apresentada a consigna: "Vocês deverão distribuir os moradores entre 5 casas, informar a cor desses imóveis, assim como o carro, a bebida e o animal de estimação preferidos de cada morador. Terão 15 minutos para encontrar um método de trabalho e resolver esse problema".

Observaram-se, por intermédio desse exercício, a temática, a dinâmica e o produto, as relações, os vínculos e as interações, assim como as modalidades de aprendizagem e os papéis assumidos e atribuídos pelas pessoas. Durante a realização da tarefa, o coordenador, utilizando-se de recursos subjetivos (informação, informação com redundância, acréscimo de modelo, assinalamento e interpretação), pontuou alguns aspectos.

O grupo 1, no qual estava a professora Rita, e o grupo 4 resistiram a entrar na tarefa (pré-tarefa), conversando sobre outros assuntos por alguns minutos. O grupo 3, no qual estava a professora Tereza, e o grupo 2, por sua vez, iniciaram de imediato a tarefa. A professora Tereza assumiu a liderança e orientou seu grupo, que aceitou passivamente, ainda que tenha dificultado a resolução em certos momentos. O grupo 1 não concluiu a tarefa, e o grupo 2 insistiu na mesma estratégia, rechaçando as sugestões de Diana (líder de mudança e porta-voz), principalmente Vera (líder de resistência). Thiago desempenhou aqui o papel de bode expiatório de seu subgrupo, suportando as críticas por não encontrar a solução do problema rapidamente. Os grupos 3 e 4 finalizaram a tarefa, mas precisaram de prorrogação de tempo, oferecida aos 4 grupos (mais 15 minutos), e de algumas orientações.

Ao término dos 50 minutos, tempo real dedicado à tarefa, o grupo reuniu-se novamente em uma roda, para apresentar a solução encontrada. Nesse momento, o coordenador fez suas intervenções e seus questionamentos e provocou a reflexão; os participantes, por seu turno, fizeram pertinentes colocações, elencando as dificuldades encontradas, os papéis desempenhados e as interações instauradas.

Tais elementos nortearam a sessão seguinte e as desenvolvidas até o encerramento do período de intervenção (6 meses). Uma vez que as dificuldades de interação e de aprendizagem foram superadas por intermédio desse grupo operativo, tanto a instituição quanto o grupo optaram por continuar os encontros por mais 6 meses, a fim de, agora, trabalhar outras questões detectadas no processo de intervenção.

Com base na teoria e técnica dos grupos operativos, novos recursos de intervenção psicopedagógica foram criados para se trabalhar com grupos, entre eles o grupo reflexivo e as oficinas psicopedagógicas.

6.5.2
O grupo reflexivo

A técnica de intervenção psicopedagógica denominada de *grupo reflexivo*, desenvolvida por Laura Monte Serrat Barbosa ao longo de sua prática profissional, foi estruturada, conforme Portilho et al. (2018), com base no método de indagação operativa utilizado por Pichon-Rivière nos grupos operativos; no grupo de reflexão desenvolvido por Marcos Bernard e sua equipe e adaptado com a contribuição de Alejo Dellarosa, que lhe deu o nome; e na técnica chamada de *equipe reflexiva*, cujo fundamento é a visão sistêmica.

O grupo reflexivo é empregado quando, após a avaliação, o profissional percebe que, em razão das características dos componentes do grupo em questão, da situação ou do tempo, não é possível trabalhar com grupos operativos, cuja duração é bem maior que a dos reflexivos. Além disso, nestes, procura--se propiciar espaço para que o grupo expresse verbalmente as tensões durante a realização da tarefa. Desse modo, o coordenador pode apresentar sua interpretação sobre o trabalho grupal e abordar assuntos que não foram mencionados ou que foram interpretados de maneira peculiar.

Segundo Barbosa, essa técnica é aplicada quando o grupo "precisa reelaborar conhecimentos e também resolver tensões" (Portilho et al., 2018, p. 117), possibilitando, com isso, a síntese das tarefas objetiva e subjetiva após a realização de desafios em subgrupos.

Tal prática transcorre de acordo com a proposta de Barbosa (Portilho et al., 2018): em momentos organizados e sequenciados, acompanhados pelo coordenador e com duração de cerca de 30 minutos. No primeiro momento, para o qual se dedicam 10 minutos – um tempo que pode ser maior, tendo em vista as necessidades do grupo ou o planejamento do coordenador –, faz-se uma roda, e o grupo é convidado a falar sobre a tarefa concluída (coordenador ouvinte); no segundo momento, que também pode durar 10 minutos, quem fala sobre o funcionamento grupal é o coordenador, tratando do uso do tempo, dos elementos da tarefa que precisam ser destacados, analisados ou revistos, da relação com conceitos trabalhados etc. (grupo ouvinte); no terceiro momento, também durante 10 minutos, o grupo pode fazer ajustes, comentar a fala do coordenador e finalizar a reflexão. Eventualmente, pode ser necessário realizar uma avaliação/tarefa no encontro seguinte.

Portilho et al. (2018) apresentam e caracterizam, ainda, mais dois recursos para a intervenção institucional com grupos: o grupo de reflexão e a equipe reflexiva, descritos a seguir. É relevante enfatizar que, em qualquer das técnicas empregadas nos trabalhos com grupos, a atitude do coordenador é operativa.

- **Grupo de reflexão**
  Trata-se de um grupo operativo com uma tarefa ampla e não determinada por um disparador, frequentemente empregado em instituições escolares e universitárias. Centra-se na reflexão e no questionamento sobre as tensões decorrentes do processo de aprendizagem, objetivando sua elaboração, a apropriação do conhecimento por meio das relações grupais, a reflexão sobre os vínculos grupais e a compreensão, por parte dos indivíduos, de seu grau de pertencimento à instituição.
  A frequência e a duração dependem das necessidades do grupo, da instituição, dos objetivos e da proposta de intervenção. Os encontros podem ser semanais, quinzenais ou mensais, com duração de 1 hora, 1 hora e 30 minutos ou 2 horas.

- **Equipe reflexiva**
  Essa técnica propicia que todos os componentes do grupo se manifestem, sendo observadores, falando em momentos oportunos, e observados, e promove vivências e reflexões grupais que possibilitam ao grupo construir soluções para seus problemas.
  Tem sido utilizada em instituições educacionais, empresas, nas formações profissional e interpessoal, quando necessário, solicitado ou, com maior frequência e duração, para atender a necessidades específicas de um grupo num dado processo de intervenção (encontros semanais, quinzenais, mensais, bimestrais, por 30 minutos ou 1 hora).

Sua aplicação requer que os participantes saibam como o trabalho é efetuado, aceitem participar deste, relacionem-se horizontalmente, respeitem-se uns aos outros, ouçam as pontuações dos observadores e façam suas colocações de modo positivo.

Exemplo prático

No estágio de um curso de especialização na área de psicopedagogia institucional realizado em uma escola de ensino fundamental II, foi proposto um ciclo de palestras sobre *bullying*, uso de drogas e violência na escola, temas considerados importantes diante dos problemas enfrentados na instituição. As palestras foram organizadas para atender a grupos de alunos e professores em datas, horários e espaços distintos.

Os discentes participaram efetivamente das atividades sugeridas, mas os docentes, cerca de 15 profissionais, embora presentes, não prestavam atenção, conversavam sobre outros assuntos, saíam e entravam na sala, atrapalhando o desenvolvimento das atividades e, em subgrupos, não faziam as tarefas ou dificultavam sua realização.

Em virtude disso, realizou-se uma sessão com a técnica do grupo reflexivo, na qual se apresentou aos professores e a duas coordenadoras a seguinte tarefa: refletir sobre os motivos que impediam ou obstaculizavam a participação nas palestras e demais atividades indicadas pelas estagiárias.

O encontro foi assim organizado: no início, 10 minutos para o grupo, momento em que o coordenador apenas observou; logo após, 10 minutos para a fala da coordenação, sem interrupções; ao final, 10 minutos para o grupo mostrar suas conclusões.

Percebeu-se, assim, que havia desinteresse em razão de o grupo já ter participado de formações continuadas acerca do tema e de já ter elaborado um projeto sobre ele, que acabou não sendo implementado, causando frustração na maioria – circunstâncias não informadas à equipe de estagiárias pela coordenação da instituição. Ademais, a sobrecarga de tarefas do cotidiano fez com que muitos utilizassem o tempo das palestras para colocá-las em dia.

O grupo sugeriu que as palestras para os professores versassem sobre estes temas: sala de aula invertida, inteligências múltiplas e modificabilidade estrutural cognitiva. Dessa forma, professores e coordenação optaram por retomar o projeto sobre *bullying* apenas no semestre seguinte.

6.5.3
Oficinas psicopedagógicas

As oficinas psicopedagógicas são espaços de trabalho psicopedagógico no qual aprendentes e ensinantes relacionam-se dinamicamente a partir do estabelecimento de um vínculo afetivo, por intermédio do qual haverá a construção e a apropriação de conhecimentos, a mediação, a reflexão, a expressão de pensamentos e sentimentos e sua elaboração, a superação de dificuldades, a ensinagem e a aprendizagem.

Trata-se de um trabalho dialético, ou seja, caracterizado pela mediação, pela apresentação de situações-problema, pela execução de uma tarefa, pela produção e pela possibilidade de refazer.

Essas oficinas têm início com a formação de um grupo, que pode ser aleatório ou atender a critérios específicos (faixa etária, escolaridade, dificuldades, necessidades). Porém, no contexto institucional, muitas vezes os grupos já estão formados e é com eles que a intervenção precisa acontecer.

Formado ou reconhecido o grupo, faz-se necessária a apresentação, durante a qual os sujeitos identificam-se, contam um pouco de sua história, elencam suas características e conhecem tanto seus pares quanto o mediador. Esse momento demanda certo tempo, é progressivo e possibilita as identificações, os vínculos, as aproximações e os distanciamentos, como destaca Grassi (2013a).

De acordo com a autora, nesse processo, os participantes unem-se ao redor de uma tarefa, desempenhando papéis, contribuindo para a realização dela, relacionando-se e expressando-se, aprendendo e ensinando. Para tanto, para que haja comprometimento e cumprimento das atividades, sentir-se parte do grupo é condição primordial.

Quanto às oficinas em si, sua linguagem é lúdica, e as atividades são organizadas numa dinâmica de três ou quatro momentos. Ainda, cabe ao mediador planejá-las e estruturá-las, definir seus objetivos, selecionar atividades e materiais, dialogar com as instituições e seus gestores, assim como desenvolver e coordenar as atividades mediante a pesquisa, o estudo e a elaboração de novas estratégias e instrumentos. Em síntese, é função desse profissional acompanhar e nortear a intervenção.

Os encontros organizados na intervenção possibilitam o estreitamento dos laços entre os participantes e o desenvolvimento de uma identidade grupal, bem como os convidam a se integrarem e se engajarem na resolução dos desafios propostos.

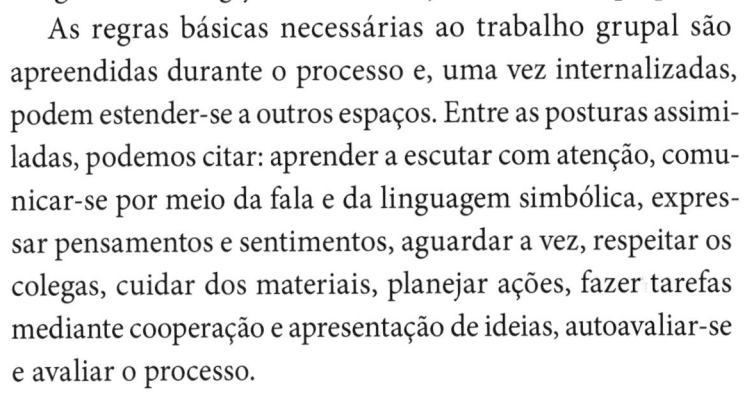

As regras básicas necessárias ao trabalho grupal são apreendidas durante o processo e, uma vez internalizadas, podem estender-se a outros espaços. Entre as posturas assimiladas, podemos citar: aprender a escutar com atenção, comunicar-se por meio da fala e da linguagem simbólica, expressar pensamentos e sentimentos, aguardar a vez, respeitar os colegas, cuidar dos materiais, planejar ações, fazer tarefas mediante cooperação e apresentação de ideias, autoavaliar-se e avaliar o processo.

Intervindo com oficinas, objetiva-se, portanto, que mudanças aconteçam e que os sujeitos estabeleçam relações funcionais, por meio das quais a aprendizagem torna-se possível, o conhecimento é construído, as vivências e as experiências levam à expressão de pensamentos e sentimentos e a autonomia é conquistada.

Ao término de cada encontro, o sujeito ou o grupo avaliam as vivências, e o mesmo pode ser feito pelo mediador por meio de colocações, numa atitude operativa. Tudo o que foi observado (temática, dinâmica e produto) ou mencionado é registrado, examinado e considerado, o que auxilia na análise do processo grupal ou do desenvolvimento individual de um componente em relação a progressos e mudanças, a qual serve de referencial para novos encaminhamentos.

Principais referências teóricas sobre oficinas psicopedagógicas

A intervenção psicopedagógica com oficinas tem três autoras como referência: Márcia Zampieri Torres (2001), Cristina Dias Allessandrini (1999) e Tânia Mara Grassi (2008). Essas teóricas apresentam propostas de intervenção com oficinas que são fruto de suas experiências como profissionais da psicopedagogia. Elas sistematizam esse trabalho da seguinte maneira: há um momento de sensibilização ou aquecimento, seguido de forma encadeada pelo desenvolvimento, que é finalizado pelo fechamento e pela avaliação.

A **sensibilização** é o momento de acolhida do grupo, um diálogo inicial em que se reportam experiências ou vivências da semana, informações ou dificuldades experimentadas. Nessa etapa, cuja duração compreende de 15 a 20 minutos, é possível executar dinâmicas de apresentação, estabelecimento e estreitamento de vínculos, por meio de jogos, brincadeiras, música, dança, relaxamento, conversação, dinâmicas de grupo, roda de conversa, entre outras tantas possibilidades. Procura-se, com isso, sensibilizar os sujeitos para as atividades que serão desenvolvidas na sequência e possibilitar a autopercepção e o autoconhecimento, de modo a envolvê-los na tarefa, na vivência.

O **desenvolvimento** é o momento de realização da atividade central da oficina, com duração de 50 minutos, que possibilitará o alcance dos objetivos constantes no planejamento. Nessa etapa, executam-se atividades como jogos, brincadeiras, desafios e dinâmicas de grupo, exercícios com música, dança, artes plásticas, histórias e dramatizações – construções estas que mobilizam sentimentos e envolvem conhecimentos, conteúdos pedagógicos, funções psicológicas superiores, funções psicomotoras, interações, dificuldades e conflitos.

No **fechamento**, o terceiro momento da oficina, com duração de aproximadamente 15 minutos, desenvolve-se uma atividade como relaxamento, dinâmica de grupo, reflexão ou jogo simbólico, a fim de preparar os participantes para a avaliação, diminuir suas tensões e levá-los a elaborar suas experiências.

Encerra-se a oficina com a **avaliação** – em geral, com duração de 10 minutos, tempo que pode ser estendido conforme demandas, finalidades e reflexões do grupo –, momento em que os participantes, em uma roda, podem sugerir certas mudanças e a continuidade do processo, bem como analisar criticamente as experiências vivenciadas nas etapas da oficina, refletindo sobre seus sentimentos, as relações e as interações construídas, os obstáculos encontrados, o alcance ou não dos objetivos fixados e a forma de realização da tarefa/atividades. Essa avaliação pode ser feita por escrito, oralmente ou de maneira simbólica, o que depende da situação, dos objetivos e das necessidades do grupo, das características de seus componentes, do momento vivenciado naquela oficina e das atividades desenvolvidas. Ademais, o mediador participa dessa etapa interpretando dados e fatos.

As oficinas geralmente acontecem em sessões de 1 hora e 30 minutos, que podem ser semanais ou quinzenais, desenvolvidas ao longo de, pelo menos, 1 ano, tempo que consideramos necessário para a consolidação de vínculos, a construção de conhecimentos etc. A duração e a frequência são definidas em função das necessidades do grupo/instituição e acordadas entre os profissionais e as instituições.

Síntese

Finalizamos este livro abordando os recursos de intervenção psicopedagógica institucional e os elementos que organizam esse complexo trabalho.

Vimos que, nesse processo, um profissional atua como mediador, fazendo as interpretações necessárias para modificar, mediante o emprego concomitante de recursos subjetivos e objetivos, um processo de aprendizagem obstaculizado.

Os recursos ou instrumentos de intervenção subjetivos concernem às interpretações que suscitam reflexões, tomadas de consciência, autopercepção e autoconhecimento, resultando em mudanças. Já os recursos ou instrumentos objetivos correspondem ao jogo dramático, ao psicodrama, à roda de conversa, à atitude e à observação operativas, ao grupos operativo, reflexivo e de reflexão, à equipe reflexiva e às oficinas psicopedagógicas. São, portanto, um conjunto de técnicas aplicadas para promover situações de aprendizagem, relações e interações entre os sujeitos.

A seleção desses instrumentos é importante. No entanto, sem a compreensão do profissional, a mediação, a interação e a atitude operativa, tornam-se apenas ferramentas desprovidas de função e impacto. Estando ciente disso e almejando que os processos de ensinagem e aprendizagem se efetivem, o psicopedagogo pode desenvolver sua práxis em espaços e contextos institucionais.

Indicações culturais

Livro

GRASSI, T. M. **Oficinas psicopedagógicas**: caminhando e construindo saberes. Curitiba: InterSaberes, 2020. (Série Panoramas da Psicopedagogia).

A autora caracteriza as oficinas psicopedagógicas, explora elementos de sua fundamentação, seus conceitos básicos, os recursos que podem constituí-las e o roteiro de planejamento, bem como examina as propostas desenvolvidas em conjunto com Márcia Zampieri Torres e Cristina Dias Allessandrini, fruto da práxis psicopedagógica dessas pesquisadoras, explicando-as com casos ilustrativos.

MORENO, J. L.; MORENO, Z. T. **Fundamentos do psicodrama**. Tradução de Moysés Aguiar. São Paulo: Ágora, 2014.

Considerada clássica, essa obra, na qual os autores analisam os fundamentos e os conceitos do psicodrama, possibilita ao leitor compreender essa teoria e técnica. Para o psicopedagogo, é uma leitura essencial, que contribui para sua formação e seu aperfeiçoamento, instigando-o a procurar aprofundamento.

SPOLIN, V. **Jogos teatrais na sala de aula**: um manual para o professor. Tradução de Ingrid Dormien Koudela. São Paulo: Perspectiva, 2015.

A autora descreve o que são jogos teatrais, assim como oferece sugestões para serem desenvolvidas na práxis pedagógica.

Vídeos

PSICODRAMA: expressão corporal, gestos e pé no chão. 30 maio 2016. 8 min. Disponível em: <youtube.com/watch?v=Vz6I9cpiTNg>. Acesso em: 22 set. 2020.
Esse vídeo apresenta um relato de como se desenvolve uma sessão psicodramática, exibindo imagens de uma sessão aberta realizada em 2016 e na qual foram entrevistados Pedro Mascarenhas e Estela Goretti.

CONTRO, L. **Psicodrama, o que é isso?** 7 abr. 2012. 7 min. Entrevista. Disponível em: <https://www.youtube.com/watch?v=weCeGi-guIc>. Acesso em: 22 set. 2020.
Nessa entrevista, Luiz Contro fala sobre o psicodrama, abordando elementos de sua práxis, caracterizando-o e ilustrando conceitos importantes dessa teoria.

Atividades de autoavaliação

1. Leia as afirmativas a seguir sobre os grupos operativos.
    I) O grupo operativo é uma técnica criada por Visca e utilizada na intervenção psicopedagógica para trabalhar os problemas emocionais de grupos em que, após a avaliação, constataram-se conflitos relacionais.
    II) Nos grupos operativos, os sujeitos trabalham para realizar uma tarefa que lhes é apresentada, por meio de uma consigna, pelo coordenador do grupo, que atua operativamente.

III) Em um grupo operativo, os sujeitos assumem os papéis que lhes são atribuídos, desde que tenham condições pessoais para isso.

IV) Os papéis que podem ser desempenhados nos grupos operativos foram denominados de *líder de mudança, líder de resistência, porta-voz, bode expiatório e sintetizador*.

V) A inter-relação entre papéis é regida por duas leis: a lei de causalidade linear e a lei de causalidade circular, também denominadas de *suplementar* e *complementar*, respectivamente.

Está correto o que se afirma em:

a) I, II, III, IV e V.
b) I e IV.
c) V, apenas.
d) II, III e IV.
e) I e III.

2. As oficinas psicopedagógicas são espaços privilegiados de construção de conhecimentos e expressão de pensamentos e sentimentos; por meio delas, os sujeitos estabelecem um vínculo positivo com a aprendizagem. Sobre essas sessões de intervenção, assinale a alternativa que apresenta os momentos que as constituem:

a) Jogo do dia, hora da roda, tarefa e reflexão.
b) Sensibilização, desenvolvimento, fechamento e avaliação.
c) Pré-tarefa, tarefa, dinâmica e projeto.
d) Aquecimento, jogo do dia, relaxamento e avaliação.
e) Roda de conversa, tarefa, relaxamento e grupo reflexivo.

3. A atitude operativa é definida como o modo de, em uma relação de aprendizagem, o profissional oportunizar ao aprendiz a execução de um movimento que considera situações do passado, vivências presentes e possibilidades futuras, levando tal sujeito a confiar na própria capacidade de aprender e de construir conhecimentos.

Analise as afirmativas a seguir sobre as atitudes operativas.

I) A operatividade é efetivada por intermédio de interpretações, isto é, do uso de um instrumento subjetivo, como a mudança de situação, a informação, a informação com redundância, a mostra, o modelo de alternativas múltiplas, o acréscimo de modelo, o assinalamento e a interpretação, a explicação intrapsíquica e o desempenho de papéis.

II) O questionamento é uma atitude operativa que coloca em xeque as certezas do sujeito e possibilita o levantamento de hipóteses.

III) Em uma atitude operativa, o coordenador apresenta aos componentes do grupo dois caminhos possíveis, e eles escolhem o que acharem melhor, o que garantirá a resolução da tarefa.

IV) O erro é considerado um problema a ser evitado, cabendo ao coordenador organizar as atividades para que não aconteça; porém, caso tal equívoco ocorra, deve ser corrigido e discutido com o grupo.

V) Atuar de modo operativo significa direcionar o grupo para a realização da tarefa, cujo produto é o centro do processo de intervenção, buscando-se evitar erros e conflitos, que são resolvidos assim que surgem.

Está correto o que se afirma em:

a) I, IV e V.
b) I, apenas.
c) III e IV.
d) I e II.
e) III, IV e V.

4. Assinale a alternativa que apresenta o significado de *Ecro*:
   a) Esquema conceitual referencial e operativo.
   b) Esquema central reativo e operatório.
   c) Esquema cognitivo referencial e operacional.
   d) Esquema das capacidades reativas e operatórias.
   e) Entrevista centrada em reações e operações mentais.

5. Jacob Moreno desenvolveu instrumentos para o trabalho de intervenção com grupos, como as técnicas psicodramática e sociométrica. Com relação a essas duas ferramentas, associe cada item a seguir à informação correspondente.

   1) Sociograma
   2) Psicodrama
   3) Psicograma
   4) Ego auxiliar
   5) *Sharing*

   ( ) É o papel desempenhado pelo interlocutor do protagonista.
   ( ) Possibilita a expressão por meio da representação de papéis.
   ( ) Consiste na dramatização por meio de desenhos.

( ) Corresponde ao momento de elaboração das vivências dos participantes.
( ) Avalia como se caracterizam as relações em um grupo.

a) 5, 4, 1, 2, 3.
b) 2, 5, 4, 1, 3.
c) 4, 2, 3, 5, 1.
d) 1, 3, 5, 4, 2.
e) 3, 1, 2, 4, 5.

Atividades de aprendizagem

Questões para reflexão

1. Pesquise sobre a atitude operativa e entreviste psicopedagogos a respeito do exercício desta na intervenção psicopedagógica. Em seguida, escreva uma resenha sobre o tema e apresente-a aos colegas em um fórum de discussão.

2. Retome a leitura sobre os recursos subjetivos de intervenção, pesquisando mais a respeito e refletindo acerca da relação entre tais elementos e os recursos objetivos de intervenção. Em seguida, redija um ensaio para apresentar suas considerações sobre essa relação.

Atividades aplicadas: prática

1. Pesquise sobre técnicas do psicodrama e jogos dramáticos e organize num portfólio ou arquivo virtual os dados coletados.

2. Reflita sobre suas experiências nos grupos dos quais faz parte. Para tanto, selecione um grupo e registre sua percepção sobre quais papéis você desempenha, quem os designou a você e como se sente em relação a eles. Analise também quais papéis os componentes desse grupo desempenham, quem lhes atribuiu tais funções, como se relacionam, assim como quais conflitos e tipos de vínculos experienciam. Considerando a caracterização desse contexto grupal, planeje uma intervenção para trabalhar as relações preventiva ou terapeuticamente.

Considerações finais

A práxis psicopedagógica desenvolvida nos âmbitos clínico e institucional, que se efetiva por intermédio da avaliação e da intervenção em caráter preventivo ou terapêutico, encontra-se em processo contínuo de construção. Ao longo desse processo, a psicopedagogia vem constituindo-se como área de conhecimento, estudo e pesquisa que busca compreender os processos de ensinagem e aprendizagem, necessidade e objetivo que lhe deram origem. Esse campo fundamenta-se, ainda, em ciências que lhe trouxeram um aporte teórico riquíssimo, cujos conhecimentos convergiram, contribuindo para sua organização e sua estruturação como práxis.

Em razão da formação dessa área, o psicopedagogo é um pesquisador, um estudioso, um observador e um construtor de conhecimentos sobre os processos de ensinar e aprender e os obstáculos que podem dificultá-los. Sua atuação ramifica-se em diversas e essenciais ações: planejar a intervenção e definir seus objetivos, selecionar os recursos, as atividades e as dinâmicas, fundamentar seu trabalho teoricamente, desenvolver uma proposta, exercitar a autoria e conquistar a autonomia.

Nesta obra, buscamos evidenciar tais questões. Nela, percorremos juntos um caminho na busca por conhecimentos sobre essa práxis psicopedagógica, as intervenções clínica e institucional e suas especificidades, os pilares teóricos que sustentam e norteiam essa atuação, bem como sobre os recursos, os instrumentos e as ações que propiciam o movimento dialético. E, nessa causalidade circular, nós nos modificamos e nos apropriamos de certos saberes – e esperamos que o mesmo tenha acontecido com você!

Como produção pedagógica, este livro termina aqui, mas não findam nem se esgotam o tema, os conhecimentos, a psicopedagogia, as relações, as interações e a vida pulsante, desejante de ser e estar, pois há muito, ainda, para conhecer, explorar, dizer, pensar, escrever, ler, aprender, observar, escutar, transformar, rever, refletir, produzir, experimentar, criar, mediar, apreciar e amar.

Esperamos que você, caro leitor, tenha aproveitado esta leitura e se apropriado dos conhecimentos que abordamos, refletindo sobre a importância do trabalho psicopedagógico; o compromisso ético e profissional com os processos de ensinar e aprender, com os sujeitos que necessitam desse trabalho; e a responsabilidade social do psicopedagogo.

Desejamos que sua caminhada seja frutífera e que o anseio por aprender e transformar a impulsione!

Referências

ACAMPORA, B.; ACAMPORA, B. **Intervenção psicopedagógica com práticas de ludoterapia e arteterapia**. Rio de Janeiro: Wak, 2016.

ALLESSANDRINI, C. D. **Oficina criativa e psicopedagogia**. São Paulo: Casa do Psicólogo, 1999.

ANDION, T. M. **Jogo de areia**: intervenção psicopedagógica à luz da teoria piagetiana na caixa de areia. Rio de Janeiro: Wak, 2015.

ANDRADE, M. S. de. **Psicopedagogia clínica**: manual de aplicação prática para o diagnóstico dos distúrbios de aprendizagem. Osasco: EdiFIEO, 2011.

ASSIS, A. L. A. **Influências da psicanálise na educação**: uma prática psicopedagógica. Curitiba: Ibpex, 2007.

BARBOSA, H. M. S.; BARBOSA, L. M. S. Atenção psicopedagógica por meio do jogo e da brincadeira. In: BARBOSA, L. M. S. (Org.). **Intervenção psicopedagógica no espaço da clínica**. Curitiba: InterSaberes, 2012. p. 180-206.

BARBOSA, L. M. S. **A psicopedagogia e o momento de aprender**. 1. ed. São José dos Campos: Pulso, 2006.

BARBOSA, L. M. S. **A psicopedagogia no âmbito da instituição escolar**. Curitiba: Expoente, 2001.

BARBOSA, L. M. S. (Org.). **Intervenção psicopedagógica no espaço da clínica**. Curitiba: InterSaberes, 2012.

BARBOSA, L. M. S. **Projeto de trabalho**: uma forma de atuação psicopedagógica. Curitiba: Mont, 1998.

BERTALANFFY, L. von. **Teoria geral dos sistemas**: fundamentos, desenvolvimento e aplicações. Tradução de Francisco M. Guimarães. Petrópolis: Vozes, 2013.

BOSSE, V. R. P. O material disparador. In: BARBOSA, L. M. S. (Org.). **Intervenção psicopedagógica no espaço da clínica**. Curitiba: InterSaberes, 2012. p. 136-177.

BRENELLI, R. P. **O jogo como espaço para pensar**. São Paulo: Papirus, 1996.

BRONFENBRENNER, U. **Bioecologia do desenvolvimento humano**: tornando os seres humanos mais humanos. Tradução de André de Carvalho Barreto. Porto Alegre: Artmed, 2011.

CARLBERG, S. Caixa de trabalho. In: BARBOSA, L. M. S. (Org.). **Intervenção psicopedagógica no espaço da clínica**. Curitiba: InterSaberes, 2012. p. 24-56.

CHIAVENATO, I. **Introdução à teoria geral da administração**. São Paulo: Makron Books, 1993.

COSTA, M. M. **Psicopedagogia empresarial**. Rio de Janeiro: Wak, 2011.

DAVIS, C.; OLIVEIRA, Z. de. **Psicologia na educação**. São Paulo: Cortez, 2010.

FERNÁNDEZ, A. **A inteligência aprisionada**: uma abordagem psicopedagógica clínica da criança e sua família. Tradução de Iara Rodrigues. Porto Alegre: Artmed, 1990.

FERNÁNDEZ, A. **A inteligência aprisionada**: uma abordagem psicopedagógica clínica da criança e sua família. Tradução de Iara Rodrigues. Porto Alegre: Artmed, 2011.

FERNÁNDEZ, A. **Os idiomas do aprendente**: análise das modalidades ensinantes com famílias, escolas e meios de comunicação. Tradução de Neusa Kern Hickel e Regina Orgler Sordi. Porto Alegre: Artmed, 2001.

FERREIRA, A. B. de H. **Dicionário Aurélio da língua portuguesa**. Curitiba: Positivo, 2017.

FEUERSTEIN, R. **Instrumental Enrichment**: an Intervention Program for Cognitive Modifiability. Northbrook: Scott, Foresman and Company, 1980.

FEUERSTEIN, R.; FALIK, L.; FEUERSTEIN, R. **Definitions of Essential Concepts and Terms**: a Working Glossary. Jerusalem: ICELP, 1998.

GASPARIAN, M. C. C. **Psicopedagogia institucional sistêmica**. São Paulo: Lemos, 1997.

GOULART, D. **Psicopedagogia institucional**. Curitiba: Ibpex, 2007.

GRASSI, T. M. **Oficinas psicopedagógicas**. Curitiba: Ibpex, 2008.

GRASSI, T. M. **Oficinas psicopedagógicas**. Curitiba: InterSaberes, 2013a. (Série Psicopedagógica).

GRASSI, T. M. **Oficinas psicopedagógicas**: caminhando e construindo saberes. Curitiba: Intersaberes, 2020. (Série Panoramas da Psicopedagogia).

GRASSI, T. M. **Psicopedagogia**: um olhar, uma escuta. Curitiba: InterSaberes, 2013b.

HABERKORN, L. C. A família na escola e a escola na família. In: POLITY, E. (Org.). **Psicopedagogia**: um enfoque sistêmico – terapia familiar nas dificuldades de aprendizagem. São Paulo: Vetor, 2004. p. 161-172.

KELLER, A. J. **Michaelis**: dicionário escolar alemão. São Paulo: Melhoramentos, 2000.

KLUMPP, C. F. B.; ANDRADE, M. S. de. **Intervenção psicopedagógica**: atividades práticas. São Paulo: Memnon, 2017.

KÜSTER, S. A caixa de areia e as miniaturas como recurso de intervenção psicopedagógica. In: BARBOSA, L. M. S. (Org.). **Intervenção psicopedagógica no espaço da clínica**. Curitiba: InterSaberes, 2012. p. 58-92.

LOPES, S. V. de A. **O processo de avaliação e intervenção em psicopedagogia**. Curitiba: Ibpex, 2004.

MACEDO, L. de. Para uma psicopedagogia construtivista. In: ALENCAR, E. S. de. (Org.). **Novas contribuições da psicologia aos processos de ensino e aprendizagem**. São Paulo: Cortez, 1995. p. 119-140.

MACEDO, L. de; PETTY, A. L. S.; PASSOS, N. C. **Os jogos e o lúdico na aprendizagem escolar**. Porto Alegre: Artmed, 2005.

MARTINS, J. do P. **Princípios e métodos de orientação educacional**. São Paulo: Atlas, 1992.

MARTINS, J. do P. **Princípios e métodos de orientação educacional**. São Paulo: Atlas, 1984.

MARTINS, J. do P. **Princípios e métodos de orientação educacional**. 2. ed. São Paulo: Atlas, 1992.

MEIER, M.; GARCIA, S. **Mediação da aprendizagem**: contribuições de Feuerstein e de Vygotsky. Edição do autor. Curitiba: [s.n.], 2010.

MORENO, J. L. **Psicodrama**. Tradução de Álvaro Cabral. São Paulo: Cultrix, 2014.

MORENO, J. L. **Psicoterapia de grupo e psicodrama**. Tradução de Antônio C. M. Cesarino. São Paulo: Mestre Jou, 1979.

MORENO, J. L.; MORENO, Z. T. **Fundamentos do psicodrama**. Tradução de Moysés Aguiar. São Paulo: Ágora, 2014.

OLIVEIRA, M. A. C. **Psicopedagogia**: a instituição educacional em foco. Curitiba: Ibpex, 2009.

OLIVEIRA, M. K. de. **Vygotsky**: aprendizado e desenvolvimento – um processo sócio-histórico. São Paulo: Scipione, 2004.

PAÍN, S. **Diagnóstico e tratamento dos problemas de aprendizagem**. Tradução de Ana Maria Netto Machado. Porto Alegre: Artmed, 2007.

PIAGET, J. **O nascimento da inteligência na criança**. Tradução de Álvaro Cabral. São Paulo: Mestre Jou, 1977.

PICHON-RIVIÈRE, E. **O processo grupal**. Tradução de Marco Aurélio Fernandez Velloso. 8. ed. São Paulo: M. Fontes, 2009.

PICHON-RIVIÈRE, E. **Teoria do vínculo**. Tradução de Eliane Toscano Zamikhowsky. São Paulo: M. Fontes, 2007.

POLITY, E. **Dificuldade de ensinagem**: que história é essa...? São Paulo: Vetor, 2002.

PORTILHO, E. M. L. et al. **A instituição que aprende sob o olhar da psicopedagogia**. Rio de Janeiro: Wak, 2018.

REVERBEL, O. **Oficina de teatro**. Porto Alegre: Kuarup, 1993.

SLADE, P. **O jogo dramático infantil**. Tradução de Tatiana Belinky. São Paulo: Summus, 1978.

SOUZA, M. T. C. C. de. Intervenção psicopedagógica: como e o que planejar? In: SISTO, F. F. et al. (Org.). **Atuação psicopedagógica e aprendizagem escolar**. 14. ed. Petrópolis: Vozes, 2013. p. 113-126.

TORRES, M. Z. **Processos de desenvolvimento e aprendizagem de adolescentes em oficinas de jogos**. 273 f. Tese (Doutorado em Educação) – Universidade Estadual de São Paulo, São Paulo, 2001.

VELLOSO, M. A. F.; MEIRELES, M. M. **Seguir a aventura com Enrique José Pichon-Rivière**: uma biografia. São Paulo: Casa do Psicólogo, 2007.

VINH-BANG. La intervention psychopedagogique. **Archives de Psychologie**, Genebra, n. 58, p. 123-135, 1990.

VISCA, J. **Clínica psicopedagógica**: epistemologia convergente. Tradução de Laura Monte Serrat Barbosa. 2 ed. rev. e ampl. São José dos Campos: Pulso, 2010.

VISCA, J. **Mosaico psicopedagógico**: textos e reflexões. Tradução de Laura Monte Serrat Barbosa. São José dos Campos: Pulso, 2015.

VISCA, J. **Psicopedagogia**: novas contribuições. Tradução de Andrea Morais e Maria Isabel Guimarães. Rio de Janeiro: Nova Fronteira, 1991.

VYGOTSKY, L. S. **A formação social da mente**. Tradução de José Cipolla Neto et al. São Paulo: M. Fontes, 1984.

WEINRIB, E. L. **Imagens do self**: o processo terapêutico na caixa de areia. Tradução de David Gilbert Aubert. São Paulo: Summus, 1993.

WEISS, M. L. L. **Psicopedagogia clínica**: uma visão diagnóstica dos problemas de aprendizagem escolar. Rio de Janeiro: DP&A, 2004.

Bibliografia comentada

FERNÁNDEZ, A. **Os idiomas do aprendente**: análise das modalidades ensinantes com famílias, escolas e meios de comunicação. Tradução de Neusa Kern Hickel e Regina Orgler Sordi. Porto Alegre: Artmed, 2001.
Trata-se de uma leitura fundamental para o profissional de psicopedagogia. Nessa obra, a autora faz um convite à reflexão sobre questões importantes que permeiam os processos de ensinar e aprender: fracasso escolar, intervenção, autoria, ensinante e aprendente, modalidades de aprendizagem e de ensino, entre outras.

MEIER, M.; GARCIA, S. **Mediação da aprendizagem**: contribuições de Feuerstein e de Vygotsky. Edição do autor. Curitiba: [s.n.], 2010.
Nesse livro, os autores apresentam um diálogo resultante de suas pesquisas e referente à mediação da aprendizagem nas concepções de Reuven Feuerstein e de Lev Vygotsky. É um material essencial para refletir a respeito dos processos de ensinar e aprender em diferentes contextos.

SANTOS, M. P. dos. **Dificuldades de aprendizagem na escola**: um tratamento psicopedagógico. Rio de Janeiro: Wak, 2012.
Essa obra traz pertinentes reflexões sobre o processo de aprendizagem, bem como acerca das dificuldades que o subjazem e das características destas. Assim, possibilita que o leitor se aproxime de temas fundamentais nas formações inicial e continuada dos profissionais de educação, psicologia e psicopedagogia.

WEISS, M. L. L. **A intervenção psicopedagógica nas dificuldades de aprendizagem escolar**. 2. ed. Rio de Janeiro: Wak, 2015.

O livro oferece orientações básicas para quem está começando a trabalhar com psicopedagogia ou está em formação. Ele esclarece dúvidas que comumente surgem no início do exercício da profissão e convida à reflexão sobre a práxis psicopedagógica.

WEISS, M. L. L.; WEISS, A. **Vencendo as dificuldades de aprendizagem**. Rio de Janeiro: Wak, 2011.

A obra apresenta relatos de experiências concernentes a fazeres psicopedagógicos em diferentes contextos, o que amplia as visões do leitor sobre a práxis psicopedagógica e enriquece sua formação profissional.

Respostas

Capítulo 1

Atividades de autoavaliação
1) a
2) c
3) b
4) c
5) b

Capítulo 2

Atividades de autoavaliação
1) a
2) c
3) d
4) e
5) a

Capítulo 3

Atividades de autoavaliação
1) b
2) a
3) c
4) d
5) a

Capítulo 4

Atividades de autoavaliação
1) a
2) c
3) e
4) a
5) d

Capítulo 5

Atividades de autoavaliação
1) e
2) d
3) a
4) a
5) b

Capítulo 6

Atividades de autoavaliação
1) d
2) b
3) d
4) a
5) c

Sobre a autora

Tânia Mara Grassi é psicóloga formada pela Pontifícia Universidade Católica do Paraná (PUCPR) e mestre em Educação pela mesma instituição; especialista em Educação Especial e em Psicopedagogia, tem formação em Psicomotricidade e Estimulação Precoce. Foi professora de educação infantil, ensino fundamental I e ensino médio – formação de docentes. Atualmente, leciona na graduação de Pedagogia e na pós-graduação em Psicopedagogia, Educação Especial e Educação Infantil. Atua, ainda, na formação de professores, na prática de formação – estágio supervisionado – e em cursos de formação e aperfeiçoamento profissional nas áreas de educação, educação especial, estimulação precoce, psicopedagogia e psicologia. É psicóloga clínica e psicopedagoga, com atuação em avaliação e intervenção clínica e institucional, estimulação precoce/essencial e psicomotricidade. Desenvolve pesquisas sobre história da educação, formação de professores, avaliação e intervenção psicopedagógica, oficinas psicopedagógicas, estimulação precoce/essencial e psicomotricidade.

Impressão:
Dezembro/2020

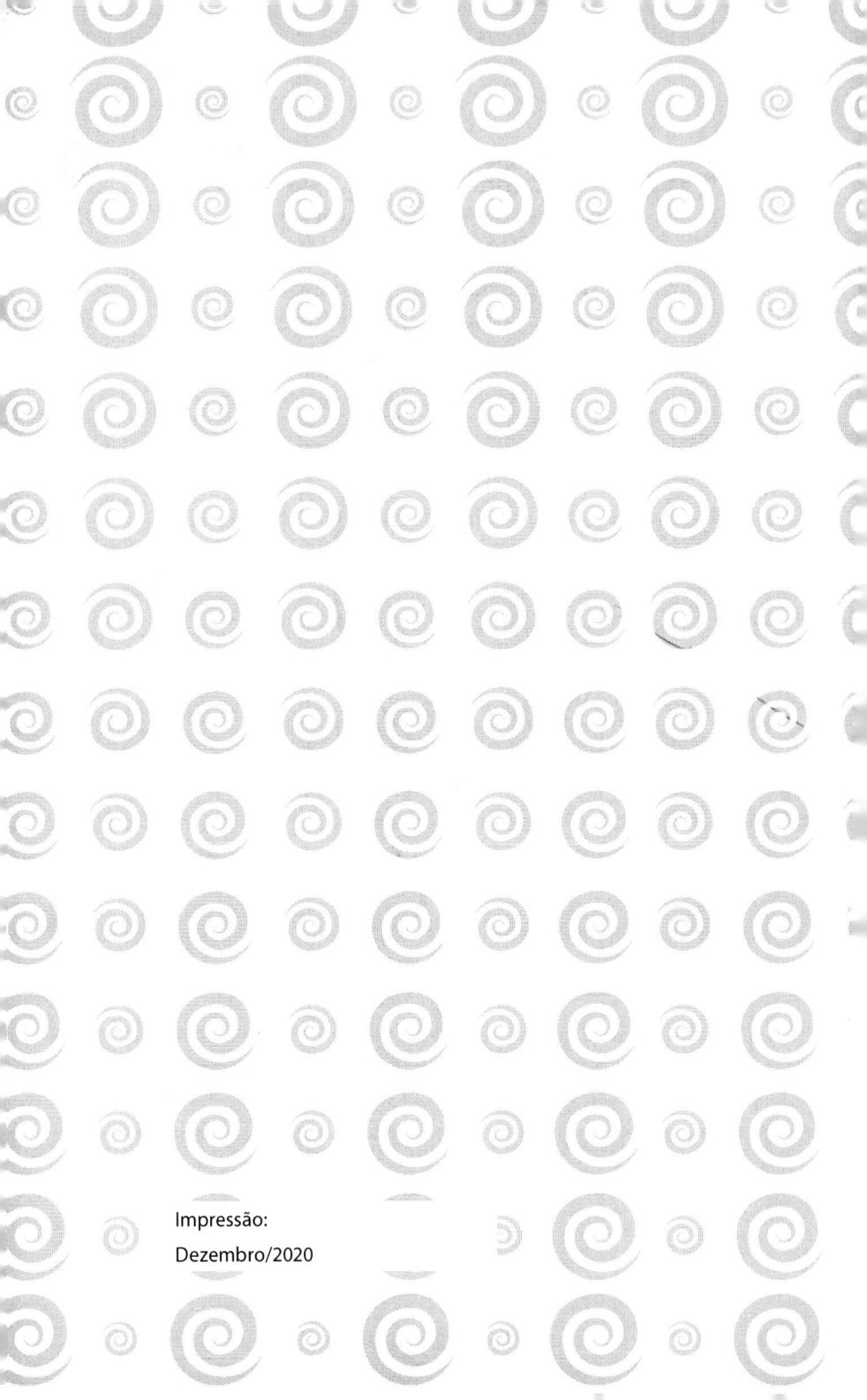